THE NAMES
of JESUS
WORD SEARCHES

The Names of Jesus Word Searches
©Product Concept Mfg., Inc.

The Names of Jesus Word Searches
ISBN 978-1-7350245-9-2

Published by Product Concept Mfg., Inc.
2175 N. Academy Circle #7, Colorado Springs, CO 80909

©2021 Product Concept Mfg., Inc. All rights reserved.

Written and Compiled by Patricia Mitchell
in association with Product Concept Mfg., Inc.

All scripture quotations are from the King James version
of the Bible unless otherwise noted.

Scriptures taken from the Holy Bible,
New International Version®, NIV®.
Copyright © 1973, 1978, 1984 by Biblica, Inc.™
Used by permission of Zondervan.
All rights reserved worldwide.
www.zondervan.com

Sayings not having a credit listed are contributed by writers
for Product Concept Mfg., Inc. or in a rare case,
the author is unknown.

THE NAMES
of JESUS
WORD SEARCHES

His name shall be called Wonderful,
Counsellor, The mighty God,
The everlasting Father, The Prince of Peace.

Isaiah 9:6

Like the facets of a priceless diamond,
each Scriptural name and title of Jesus offers
a glimpse into who He is and what He does.

As you solve these word search puzzles,
think about what every name means to you.
In how many ways is Jesus your King,
your Savior, your Shepherd? What special
memories come to mind? When is it most
important for you to remember today that He
is your strength, your fortress, your refuge?

May your day be blessed as you ponder
the many, many brilliant, life-giving facets of
His love for you!

Advocate

We have an advocate with the Father,
Jesus Christ the righteous.
1 John 2:1

Advocate	Make peace
Arbitrate	Mediate
Beseech	Petition
Bridge	Plead
Conciliate	Satisfy
Defend	Settle
Entreat	Soothe
Facilitate	Speak for
Intercede	Supplicate
Intervene	Support

```
B G N D M E D I A T E R W
P G V W E H T O O S F Q K
H B E T A T I L I C A F R
C G G B U U S E T T L E P
M O Q M E C A E P E K A M
C B R I D G E S G E J Y B
R D P E T I T I O N J Y L
R E J B Y F S I T A S J D
X P N E T A C I L P P U S
U U N S D F R N D A E L P
R A I T E D E C R E T N I
F D Q R H F H H Y E B N J
R V K O J W V C T H T O E
O A D P D G V A E E A N Q
F Q C P J N R K R E T F B
K Z M U Y T A V M R S B E
A C A S I D E F E N D E F
E I B B J N C A K M H J B
P M R U E E T A C O V D A
S A Q E T A I L I C N O C
```

Alpha and Omega

I am Alpha and Omega, the beginning and the ending, saith the Lord, which is, and which was, and whish is to come, the Almighty.
Revelation 1:8

Almighty	Last
Alpha	Omega
Always	Omnipotent
Beginning	Origin
End	Past
Eternal	Powerful
First	Present
Future	Supreme
Immortal	Today
Infinite	Tomorrow

L H V A T D I A G E M O M

V J X E L L A T R O M M I

F I T U R X V Z P U L P P

H U U I P T O K M E P L

O U T G X S R M M T D A E

I M H U A G N E E C S V F

H R N P R I P R S T W O L

U P Y I G E N V Y E S C X

L A Q I P A W N A L N Y T

A K R Y L O J M W F Q T M

L O V A A O T Q L T J I I

M H P L J D H E A H G U E

I X S P B F O E N N E W L

G Z Z H C P T T I T O E U

H D X A K I P N A R M U F

T M R W N K N T R E Y P R

Y V P I V I S O R D N E E

U M F F G R M P I Z N M W

U N F E I O U M U P S C O

I Y B F T S P D C Z Z F P

Amen

These things saith the Amen,
the faithful and true witness,
the beginning of the creation of God.
Revelation 3:14

Affirm	Prove
Attest	See
Authenticate	Speak
Comprehend	State
Confirm	Substantiate
Declare	Testify
Discern	Understand
Establish	Validate
Know	Verify
Observe	Witness

```
X E T A C I T N E H T U A
S O Y M G T B Z I B M H V
S Q S R B E T A D I L A V
E D V I H S I L B A T S E
N R J F W T E V R E S B O
T C Q F T I Z S D P S B A
I T O A B F U P N K U I E
W U U N J Y H E E K B W N
Y A F K F E L A H V S Z U
A R N U T I L K E M T Z R
E T G A C Y R M R D A W D
N R T A Y F Q M P Z N D N
I S W E W U N T M M T E A
N J Q Y S A Q M O S I V T
R Z K Y Q T O X C Y A O S
E V M V X Y P Q A I T R R
C Y F I R E V S I S E P E
S W O N K V V E Q K R T D
I I R Z Z M J E M M I C N
D T E R A L C E D J F O U
```

Anointed One

The kings of the earth set themselves, and the rulers take counsel together, against the LORD, and against his anointed.

Psalm 2:2

Anoint	Glorify
Approve	Hallow
Bless	Honor
Choose	Lift up
Consecrate	Magnify
Dedicate	Make holy
Devote	Ordain
Elect	Pick
Elevate	Sanctify
Exalt	Set apart

```
P  A  J  J  Q  Y  L  E  S  E  B  J  I
S  W  X  X  L  T  B  B  G  X  L  J  Y
O  A  O  L  S  O  C  R  F  A  E  P  F
Y  I  N  L  A  I  R  X  V  L  S  D  I
G  B  C  C  L  P  Q  D  R  T  S  Q  N
R  P  O  N  T  A  P  T  A  V  X  A  G
M  W  Y  A  E  I  H  R  R  I  K  S  A
Q  F  X  M  U  H  F  F  O  Y  N  M  M
P  H  O  N  O  R  G  Y  N  V  P  H  K
F  D  E  D  I  C  A  T  E  M  E  Y  C
N  E  L  Y  C  Q  P  E  T  O  V  E  D
M  V  T  I  Q  C  Y  H  X  H  W  S  W
X  L  J  A  F  Y  D  F  G  T  E  Y  A
E  O  T  C  R  T  L  J  I  T  L  L  I
T  T  E  C  J  C  U  O  A  R  A  F  M
A  N  S  V  E  Q  E  P  H  I  O  W  T
V  I  O  P  U  L  A  S  K  E  P  L  U
E  O  O  X  I  R  E  G  N  C  K  P  G
L  N  H  N  T  I  U  O  B  O  I  A  K
E  A  C  C  Q  L  W  L  U  P  C  P  M
```

Apostle

Wherefore, holy brethren, partakers of the heavenly calling, consider the Apostle and High Priest of our profession, Christ Jesus.

Hebrews 3:1

Ambassador	Messenger
Apostle	Minister
Bearer	Missionary
Bringer	Priest
Champion	Proclaimer
Evangelist	Prophet
Harbinger	Sign
Herald	Teacher
Leader	Victor

```
V  Q  H  Y  I  D  C  C  H  A  R  X  P
P  I  C  T  S  I  L  E  G  N  A  V  E
A  H  C  A  G  C  D  T  S  E  I  R  P
M  L  A  T  T  L  A  B  O  Y  E  U  C
L  I  Y  R  O  B  E  L  T  S  O  P  A
N  D  S  P  B  R  V  R  X  F  M  V  S
M  H  M  S  R  I  S  T  E  P  J  H  Z
V  A  A  Q  I  O  N  H  F  D  A  F  S
N  H  M  B  D  O  P  G  H  I  A  T  R
W  E  I  B  K  R  N  H  E  E  F  E  Z
B  R  L  E  A  X  E  A  E  R  B  A  L
D  A  R  B  S  S  L  T  R  T  Y  C  Y
L  L  G  E  N  J  S  E  S  Y  P  H  Z
K  D  V  F  G  O  G  A  N  I  J  E  S
V  G  A  D  P  N  I  R  D  G  N  R  F
N  D  C  P  I  E  E  P  E  O  I  I  H
V  O  B  R  X  V  E  S  M  R  R  S  M
T  N  B  E  K  E  I  E  S  A  A  T  S
Q  P  Q  V  P  M  Z  Q  W  E  H  E  S
P  R  O  C  L  A  I  M  E  R  M  C  B
```

Babe of Bethlehem

*They came with haste, and found Mary, and
Joseph, and the babe lying in a manger.*
Luke 2:16

Angels	Joseph
Announce	Mary
Anthems	Message
Bethlehem	Nativity
Birth	Peace
Earth	Praise
Glory to God	Shepherds
Goodwill	Song
Heaven	Star
Infant	Tell

```
G W H V K J R F H T R I B
M A U E Z O A W G N O S S
B A X Z A N E L V N N S O
O E Y J G V H P E S O J D
D S T E A N E S R G Y P N
B U L H M E C N U O N N A
H S D E L Y T I V I T A N
T U O H A E M G U P J Y K
R K G Z P R H O U H U H N
A J O A C V P E F V Z N G
E C T M R V A O M T E L L
L J Y A L G G I S N L V U
W B R R U N N D P I R A F
Z S O Y C F R R W E Y N V
Q T L T A E A D F G U T E
L A G N H I O Q E A D H M
L R T P S O D C O S I E K
E S E E G V A C S S E M K
T H K T X E Y G M E H S S
S O Y H P X X M K M P Q I
```

Begotten of the Father

The Word was made flesh, and dwelt among us,
(and we beheld his glory, the glory as of the only
begotten of the Father,) full of grace and truth.

John 1:14

Adored

Among us

Begotten

Born

Esteemed

Exalted

Flesh

Full of grace

Glorified

God

Living

Man

Messiah

On earth

Only Son

Praiseworthy

Promised One

Sinless

Truth

Worshiped

```
E  O  C  U  H  T  B  A  M  M  O  T  Q
S  B  E  G  O  T  T  E  N  R  M  T  C
T  D  E  P  I  H  S  R  O  W  Z  B  G
E  Z  X  J  T  W  D  E  T  L  A  X  E
E  O  T  K  Z  I  C  T  R  N  K  C  I
M  V  V  G  L  O  R  I  F  I  E  D  H
E  X  E  N  O  D  E  S  I  M  O  R  P
D  D  C  Z  L  Z  X  R  P  Z  I  R  I
R  D  E  C  A  R  G  F  O  L  L  U  F
Q  W  V  M  I  U  S  U  G  N  O  M  A
P  R  A  I  S  E  W  O  R  T  H  Y  H
O  C  M  M  H  N  N  I  C  M  W  N  Y
G  D  A  U  E  T  F  D  E  R  O  D  A
Y  H  N  H  J  D  Z  L  G  S  S  V  N
U  C  T  B  A  U  O  G  E  S  S  Z  O
S  O  O  R  H  I  N  G  E  S  S  T  S
O  X  G  T  A  I  S  L  U  N  H  X  Y
I  Y  U  U  V  E  N  S  R  K  N  K  L
H  R  V  I  S  I  N  O  E  I  F  R  N
T  I  L  B  S  Q  B  O  G  M  O  F  O
```

Bishop

For ye were as sheep going astray;
but are now returned unto the Shepherd
and Bishop of your souls.
1 Peter 2:25

Accept

Call back

Care for

Comfort

Console

Discipline

Embrace

Empathize

Feed

Gather in

Instruct

Keep

Reassure

Receive

Search

Show mercy

Strengthen

Welcome

```
Z F A N R D Y K H E C Y I
K K C X Q M Y T M O A M F
F T C Q K H V P N S O E S
G V E A C E A S W R E S T
A E P U B T O E W D E S R
T T T S H L L S L E T F E
H G P I E C L E C X B T N
E N Z D O Y L A V S U E G
R E R M V T R R C L R D T
I E E O V B U C D U I I H
N N C B M Y L H S S O Z E
I I E E Y S T S I O I G N
N L I C O C A R F Z F Z Q
S P V N I E R E O R Y O D
T I E L R X V E O F K V U
R C F C C C B F M D M X T
U S P P S I E P F W O O J
C I E C H R W E L P O S C
T D E S A B V L C N W H R
M G K C C O Q B E X S R S
```

Blessed One

...Until the appearing of our Lord Jesus Christ:
Which in his times he shall shew, who is the
blessed and only Potentate, the King of kings,
and Lord of lords.
1 Timothy 6:14-15

Above all	Monarch
Blessed	Most high
Chief	Potentate
Consecrated	Prince
Crown wearer	Ruler
Holy	Sacred
King	Sanctified
Lord	Sovereign
Majesty	Throne holder

```
P  O  T  E  N  T  A  T  E  J  W  A  Z
H  K  D  E  T  A  R  C  E  S  N  O  C
S  J  I  B  J  R  E  L  U  R  Y  H  C
O  P  P  N  T  O  P  L  E  O  I  R  J
S  M  G  R  G  B  P  D  T  E  O  C  I
A  F  O  R  I  A  D  N  F  W  W  K  I
N  P  W  S  G  N  S  E  N  P  S  I  O
C  I  Z  Z  T  A  C  W  S  S  C  R  N
T  W  A  U  C  H  E  E  F  S  E  Q  Y
I  X  S  R  A  A  I  M  F  D  E  E  T
F  F  E  H  R  D  O  G  L  V  D  L  D
I  D  E  E  N  N  L  O  H  N  N  E  B
E  C  R  O  A  W  H  H  G  Z  L  J  M
D  I  C  R  P  E  G  I  T  L  Y  U  L
H  O  C  U  N  L  E  W  A  T  I  M  K
N  H  E  O  G  R  N  E  S  V  J  D  X
C  N  R  I  E  V  V  E  R  Y  R  S  J
J  H  D  V  X  O  J  Z  J  O  L  T  W
T  Z  O  K  B  A  P  L  L  Q  C  O  U
D  S  L  A  M  F  C  E  R  Z  P  P  H
```

Branch

There shall come forth a rod out of the stem of Jesse, and a Branch shall grow out of his rots.

Isaiah 11:1

Abraham	Jesus
Aram	Josaphat
Azor	Joseph
Boaz	Josias
David	Judas
Eleazar	Manasses
Ezekias	Matthan
Isaac	Obed
Jacob	Phares
Jesse	Solomon

```
E J C B L E L V Y P J K J
Z C O W S F S D A E U O L
C M M S X O F A S Z S G J
U W A J I A V S I E O E P
N W J T X A E R P K S R E
Z P O K T T S H Z U E B R
F H W T E H J U S D Y Z Z
N A X A X Q A G L I R F E
A R E H Z M W N T V L E A
B E F P D I H T Q A U Y Z
R S J A C O B C N D H A M
A C T S I B J C X H D X Y
H S C O T M N O M O L O S
A E P J P A A O X O D Y R
M S X R Z S R R Q L C O A
A S V H N G U N A J B S Z
P A U G E C T R O E N A A
N N B W R M V M D K P D E
I A N K A C A A S I X U L
F M B O A Z Y J M P D J E
```

Bread of Life

I am the bread of life.
John 6:35

Banquet

Blessing

Bread from heaven

Contentment

Feast

Flesh

Food

Fulfillment

Growth

Joy

Life

Manna

Meat

Nourishment

Provision

Refreshment

Satisfaction

Substance

Sustenance

```
X  R  M  E  A  T  Y  N  Z  L  L  Y  Q
T  H  R  I  N  O  I  S  I  V  O  R  P
F  N  Z  M  D  C  B  N  P  I  L  A  J
L  C  O  N  T  E  N  T  M  E  N  T  N
E  G  T  S  A  E  F  H  Q  V  S  A  E
S  R  E  C  N  A  T  S  B  U  S  T  V
H  O  J  E  S  D  G  C  S  A  N  N  A
M  W  B  D  Y  K  P  T  X  E  O  T  E
V  T  K  F  O  E  E  C  M  I  N  H  H
D  H  X  Z  J  N  T  L  T  E  B  O  M
B  K  L  E  A  E  L  C  M  L  D  X  O
C  L  M  N  U  I  A  H  E  F  Z  D  R
M  I  C  Q  F  F  S  S  Q  L  T  I  F
V  E  N  L  S  E  S  E  I  E  S  R  D
J  A  U  I  R  I  W  F  U  T  X  B  A
B  F  T  F  N  G  E  J  J  F  Q  J  E
U  A  E  G  D  R  Y  V  J  L  R  K  R
S  R  Y  O  U  E  M  Z  T  V  G  W  B
H  N  O  U  R  I  S  H  M  E  N  T  V
N  F  A  N  N  A  M  V  D  P  V  X  H
```

Bridegroom

Behold, the bridegroom cometh;
go ye out to meet him.
Matthew 25:6

Abounding in love

Affectionate

Appreciative

Caring

Committed

Compassionate

Constant

Defending

Devoted

Faithful

Gentle

Kind

Loyal

Protective

Steadfast

Tender

Thoughtful

Trustworthy

Truthful

```
C E P F A I T H F U L Q Q
T Y T R U T H F U L C Z L
Q S S D B V G O Q A Y O U
F A T U E O N C M U Y L V
X F E O C V L K R A E A V
X F A E S R O E L I L P N
K E D V K S Q T R C T P K
W C F O B Y N A E Y N R O
E T A L T Q W N D D E E F
U I S N C Y C O N B G C I
E O T I O H A I E D L I A
V N G G N T R S T B U A D
I A N N S R I S B S F T E
T T I I T O N A T Q T I T
C E D D A W G P S W H V T
E F N N N T P M K P G E I
T W E U T S S O R D U H M
O L F O R U O C N S O Q M
R V E B X R K I Y Y H L O
P F D A O T K I H I T M C
```

Carpenter

Is not this the carpenter, the son of Mary?
Mark 6:3

Assemble	Form
Build up	Gather
Collect	Labor
Construct	Make
Create	Put together
Design	Shape
Develop	Undertake
Endeavor	Use
Erect	Work
Find	

```
A N T E Y A X F L Q P C C
D Y H F G S O F I N D C O
U L A B O R Q L N S D R L
C N X C M Q Y S S E R Y L
J O D J T O O Z P R E O E
R W N E V G Q F I E H T C
O P P S R D H K Q C T Z T
F I W L T T D T R A G D
H L Z D Q R A E Q O G J K
E K R K Q P U K S X W W I
A N J E R P Q C E I S T A
K F D Z H P P J T Q G S J
P E P E Y T K O A N S N Z
U K B M A C E S L E B O Z
D A V Z K V E G M E J Y G
L M H B Q T O B O E V P I
I H E H A N L R P T S E X
U Z K E P E G A Y C T E D
B T R J P S H I U G S U O
R C A L F S V Z B U L T P
```

Child

Unto us a child is born, unto us a son is given:
and the government shall be upon his shoulder:
and his name shall be called Wonderful,
Counsellor, The mighty God, The everlasting
Father, The Prince of Peace.
Isaiah 9:6

Child	Magnificent
Counselor	Mighty God
Eternal	Perfect
Everlasting Father	Prince of Peace
Governor	Pure
Great	Son
Holy	Sovereign
Judge	Unifier
Lord	Wonderful

```
T T W R O L L E S N U O C
U N T O R J G R E A T B X
M Z N V N S T K E G D U J
A R P P I D O A D C K Q D
G E B I Y C E B T L G R M
N H F P L W P R L U I C L
I T T R O D U D F Z W H U
F A A I H D R G S U M A C
I F V N H D E D C F L W Z
C G G C D O G Y T H G I M
E N C E K R L A N R E T E
N I L O J N G L A D B F H
T T G F Z R M R W S R N Z
T S X P R V O D A O P O F
C A Z E S E T N B N F D L
E L R A N G I E R E V O S
F R W C E A X F M E E Y J
R E F E N N D G I S V C N
E V P B C A G Z V N Y O G
P E A P R M A A G B U G G
```

Christ

Simon Peter answered and said, Thou art the
Christ, the Son of the living God.
Matthew 16:16

Find the bolded words.

*When **Jesus came into the coasts of** Caesarea*
*Philippi, he asked his **disciples**, saying, Whom do*
*men **say** that I the Son of man am?*

*And they said, **Some** say that thou art John the*
***Baptist: some, Elias; and others, Jeremias**, or one of the*
prophets.

*He saith unto them, But **whom say ye that I am**?*

*And **Simon Peter answered** and said, Thou art the*
Christ, the Son of the living God.

*And Jesus answered and **said unto him**, Blessed art*
thou, Simon Barjona.

Matthew 16:13-17

```
J  F  Y  A  A  O  E  S  Q  D  D  A  W
Y  E  P  P  D  W  J  K  S  D  I  A  S
S  H  R  Q  R  O  Q  P  O  I  T  Q  H
H  P  M  E  C  O  G  Q  M  V  H  O  B
M  L  X  U  A  P  G  E  Z  O  K  F
A  W  H  O  M  I  E  H  N  X  U  M  Y
I  W  P  O  X  I  A  R  E  I  R  L  D
A  I  D  L  T  I  M  S  A  T  V  I  Y
S  A  L  N  S  A  I  L  E  S  S  I  S
A  B  L  E  S  S  E  D  X  C  E  I  L
Y  L  T  A  C  D  R  H  I  M  M  A  S
U  E  G  C  N  H  E  P  C  O  Z  O  C
P  Q  I  I  U  Q  L  R  N  T  G  S  B
F  A  K  V  G  E  Y  T  E  H  O  H  T
G  N  I  X  S  Y  S  T  B  W  L  P  W
T  O  R  Z  Q  I  S  T  S  M  S  T  B
Q  J  M  A  T  I  D  H  S  U  X  N  T
L  R  U  P  R  B  N  X  R  A  S  V  A
I  A  A  H  D  R  P  E  Q  U  O  E  M
D  B  C  G  E  G  Q  R  Q  X  Z  C  J
```

Commander

Behold, I have given him for a witness to the people, a leader and commander to the people.
Isaiah 55:4

Advise	Lead
Authorize	Manage
Command	Model
Counsel	Pastor
Direct	Pilot
Exercise power	Rule
Go ahead	Steer
Grant	Teach
Guide	Warn
Instruct	

E U I F O J R B B A A U W
R X W N V O J G D W I X U
E A E J S G Z V Y N U X F
E A F R U T I H T N A R G
T H R I C S R W T O L I P
S B D Z E I V U O X A L L
Z E T N Y X S E C U X J B
Q V L X H W W E T T W I P
E H C A E T Q H P P A P A
G S M I U F O V Z O H G S
M A W L Y R R D N R W B T
B R D M I V U R A A J E O
N L U Z X U A T C E B H R
D E E L D W B L C G L G K
N S E M E A B V F E K H V
A N G H K V E L O D R P F
M U A T J T E H H O Z I U
M O N T E D E X A L S I D
O C A K O X B Z S O K L T
C O M M V U B Z P E G Z U

Cornerstone

*Jesus Christ himself being
the chief corner stone.*
Ephesians 2:20

Base	Junction
Bedrock	Keystone
Beginning	Mainstay
Chief	Principle
Cornerstone	Root
Footing	Stand
Foundation	Strength
Grounding	Structure
Head	Support
Heart	Underpinning

```
Q Z P F T T R A E H O M L
X F S N O I T A D N U O F
U S X T J A Z E I P P D H
B K J H R M G N I T O O F
B E E S F E T R O P P U S
L E D Y T E N H V R R D P
B S R R S R I G L I Z O C
X A G X O T U H T K U O K
G B A N M C O C C H R Q J
N J A Y I G K N T N R U M
I F V K H N N P E U N Z P
N O E G E D N R R C R W Y
N M F N U L S I T D S E A
I S O I H T P I G A B W T
P T R D O T O I E E H N S
R A X N N N T M C H B F N
E N E U X G B E X N V D I
D D L O S R E N I A I G A
N O U R T I F F V Y Z R M
U T O G U T O O R N X U P
```

Dayspring from on High

*Through the tender mercy of our God; whereby
the dayspring from on high hath visited us.*
Luke 1:78

Among us

Completion

Covenant

Dayspring

Deliverer

Doer

Fulfillment

Guarantee

Highest

Liberator

Mercy of God

Promised One

Ransom

Redeemer

Restorer

Sacrifice

Savior

Son of David

G	D	Q	G	R	T	N	A	N	E	V	O	C
A	G	I	L	E	B	T	S	E	H	G	I	H
U	S	L	I	B	E	R	A	T	O	R	V	Y
M	I	F	N	O	I	T	E	L	P	M	O	C
U	F	P	G	Z	U	Y	C	K	J	H	J	P
Q	M	E	R	C	Y	O	F	G	O	D	N	D
D	U	O	I	R	E	R	E	V	I	L	E	D
C	H	F	F	A	M	O	N	G	U	S	C	W
P	U	S	X	I	Y	N	M	Y	R	Z	F	L
R	I	F	A	Y	D	O	X	O	C	T	Z	G
O	D	Y	N	C	S	C	I	K	N	B	D	N
M	E	I	C	N	R	V	D	E	V	I	Z	I
I	E	R	A	R	A	I	M	U	V	R	Z	R
S	T	R	P	S	E	L	F	A	T	E	M	P
E	N	K	P	Z	L	R	D	I	P	M	P	S
D	A	S	D	I	N	F	O	Y	C	E	O	Y
O	R	I	F	U	O	B	R	T	D	E	E	A
N	A	L	P	N	R	E	O	D	S	D	M	D
E	U	V	O	C	M	R	F	U	D	E	D	Q
F	G	S	Z	O	J	Q	V	C	M	R	R	F

Day Star

Ye do well that ye take heed, as unto a light that shineth in a dark place, until the day dawn, and the day star arise in your hearts.

2 Peter 1:19

Awareness

Beam

Bold

Brightness

Clarity

Cockcrow

Dawn

Daystar

Glimmer

Glow

Illumination

Insight

Light

Luminosity

Morning

Radiance

Ray

Resplendent

Shine

Sunrise

```
I  W  C  S  I  H  R  A  T  S  Y  A  D
R  A  D  I  A  N  C  E  N  S  G  W  L
E  S  F  N  I  R  Z  E  E  N  A  I  M
R  I  D  Y  D  R  P  N  I  B  G  O  R
D  O  O  T  R  U  N  I  I  H  R  E  J
I  Y  H  I  R  S  L  H  T  N  S  D  E
L  T  U  R  V  W  Y  S  I  P  S  T  A
L  I  I  A  I  O  G  N  L  L  H  L  S
U  S  E  L  L  H  G  E  T  G  T  Y  P
M  O  U  C  S  U  N  R  I  S  E  K  W
I  N  Q  B  D  D  F  S  F  U  H  S  G
N  I  M  D  E  X  N  L  L  W  S  L  C
A  M  Q  N  N  I  A  I  O  E  I  K  C
T  U  T  O  U  A  N  L  N  M  U  P  B
I  L  Y  M  H  P  G  T  M  R  Q  O  E
O  O  B  A  N  M  H  E  H  V  L  K  Q
N  J  M  S  R  G  R  J  G  D  Z  U  B
M  I  A  Z  I  F  T  N  W  A  D  L  F
R  O  E  R  S  S  E  N  E  R  A  W  A
P  X  B  K  C  O  C  K  C  R  O  W  Z
```

Deliverer

There shall come out of Sion the Deliverer, and
shall turn away ungodliness from Jacob:
For this is my covenant unto them, when I shall
take away their sins.

Romans 11:26–27

Burdens	Mourning
Crime	Offense
Dejection	Sadness
Error	Sin
Evil	Sorrow
Failing	
Gloom	Tears
Grief	Trespass
Hopelessness	Wickedness
Iniquity	Woe
Misery	Wrongdoing

```
U A E S N O I T C E J E D
Q F J R I D E S N E F F O
G H S G R N O P Q W F X C
S W I N E O W W G M Q T O
V M P C K R R K I D E H I
S A O U U M K S M A C C B
D A N U Z F E V R B L U P
M W D X R R F S F F R R E
N R S N Y N C C A D L Z V
C O S E E P I I E J B F I
I N E S T S L N F Z S O L
G G N Z S I S M G E L Z I
W D S Y N E O A P X I H L
V O S G T O N R P J D R A
Q I E G L I W D E S R S G
V N L G Z O U K E M E M F
N G E N R D L Q S K I R E
B N P R K V M A I K C R T
A R O E Z O U M G N K I C
L S H K H Q J X W O I I W
```

Door

I am the door: by me if any man enter in,
he shall be saved, and shall go in and out,
and find pasture.
John 10:9

Access	Portal
Arbor	Refuge
Door	Route
Entrance	Safe place
Gate	Sanctuary
Harbor	Shelter
Haven	Step
Means	Threshold
Opening	Walkway
Path	Way in

```
F G K R R G Q P N I Y A W
Z C F X I E C N A R T N E
S G H T D G F H R S Z Y O
E G R H I O G U A X K C S
C N D R H P O C G V L H K
I I E E V T P R J E E C G
T N W S H J A G R L E N W
X E N H A H A P T C Y O B
H P R O T T D E V R Q N P
Z O O L E L R P A D G O I
O K B D G Q S U I W R Y V
I E R S O S T F I T M G E
Q K A O T C W N A G T K C
Y R H E N M Q L O X Y F A
P Q P A A W E S M A B N L
S R S R O E S A W A T H P
D W G X T E H K N Y L D E
U B F U C E L C O S E Z F
H Q O C C A M K R O B R A
N R A T W W M B C O T C S
```

Emmanuel

*They shall call his name Emmanuel, which being
interpreted is, God with us.*
Matthew 1:23

Actuality	Life
Appearance	Manifestation
Being	Materialization
Breath	Personhood
Emmanuel	Presence
Essence	Sign
Existence	Substance
God with us	Visibility

```
E  O  D  I  S  U  H  T  I  W  D  O  G
C  S  W  F  L  S  X  Q  E  K  E  H  Y
M  X  S  L  D  V  I  E  C  C  P  U  T
T  A  A  E  E  K  G  G  N  M  E  J  I
L  N  N  Q  N  B  B  A  N  A  J  A  L
P  I  V  M  T  C  T  T  Q  T  C  Z  I
H  I  F  U  B  S  E  N  O  E  Q  V  B
L  V  I  E  B  Y  F  O  H  R  R  Q  I
S  P  W  U  N  R  W  I  K  I  K  A  S
J  R  S  B  X  R  X  T  P  A  D  B  I
D  E  V  J  U  V  B  A  L  L  Z  E  V
O  S  S  D  U  E  K  T  E  I  E  C  S
O  E  G  M  I  W  U  S  M  Z  C  N  J
H  N  Q  N  C  G  B  E  M  A  N  A  A
N  C  G  Y  S  R  J  F  A  T  E  R  R
O  E  G  S  E  K  M  I  N  I  T  A  A
S  M  T  A  N  N  D  N  U  O  S  E  C
R  H  T  Z  S  Z  R  A  E  N  I  P  F
E  H  R  X  K  M  C  M  L  G  X  P  Z
P  A  C  T  U  A  L  I  T  Y  E  A  Q
```

Express Image of God

Who being the brightness of his glory, and the express image of his person.
Hebrews 1:3

Find the bolded words.

God, who at **sundry** times and in divers **manners** spake in time past unto the **fathers** by the **prophets**,

Hath in these last days **spoken** unto us by his Son, whom he hath **appointed** heir of all **things**, by whom also he made the **worlds**;

Who being the **brightness** of his **glory**, and the **express** image of his **person**, and **upholding** all things by the **word** of his **power**, when he had by himself **purged** our sins, sat down on the **right** hand of the **Majesty** on high:

Being made so much **better** than the **angels**, as he hath by **inheritance** obtained a more **excellent** name than they.

Hebrews 1:1-4

```
R Y E C N A T I R E H N I
D S B B P S T E H P O R P
E R H N T N E L L E C X E
T E X I R G P Y Y R O L G
N H K Y W O R D R L P B Q
I T C S B I H R S D E T U
O A S W S K X D I T N P Z
P F L R P E L S T G H U B
P X E H E S N E H O H J S
A O G L P N R T L P N T P
W N N U S T N D H M K U C
L E A W N D I A A G R P T
D K Q G O N X J M G I E A
D O Y P G R E L E Y S R Y
O P D S O S L D S S S S B
K S M H T R B D E F G O N
P W T Y E L W R S F N N Q
V A T W Z N P V F B I E Y
H E O P Z X P W I D H A U
Q P N Q E I O Z N V T N M
```

First Fruits

As in Adam all die, even so in Christ shall all be made alive. But every man in his own order: Christ the firstfruits; afterward they that are Christ's at his coming.

1 Corinthians 15:22–23

Adam	Judgment
Apocalypse	Kingdom
Believers	Messiah
Christ	New life
Destiny	Rapture
End Times	Rebirth
Eschatology	Resurrection
First fruits	Return
Gathering	Revelation
Heavenly host	Second Coming

```
I  T  B  E  L  I  E  V  E  R  S  E  K
R  G  N  I  M  O  C  D  N  O  C  E  S
P  E  N  A  M  O  A  B  V  C  C  N  N
J  F  S  E  M  I  T  D  N  E  M  O  R
X  K  I  U  W  T  X  T  J  O  M  I  U
O  H  I  R  R  L  P  X  P  Z  E  T  T
G  T  Y  N  S  R  I  H  T  L  S  A  E
T  A  S  G  G  T  E  F  N  P  S  L  R
W  Y  T  O  O  D  F  C  E  E  I  E  L
S  U  Z  H  H  L  O  R  T  F  A  V  L
J  O  E  B  E  Y  O  M  U  I  H  E  J
Q  O  S  I  N  R  L  T  C  I  O  R  A
S  C  P  W  T  C  I  N  A  M  T  N  Y
H  E  Y  K  X  N  Y  N  E  H  A  S  F
T  R  L  W  Q  E  E  N  G  V  C  D  H
R  U  A  C  D  L  B  M  I  D  A  S  A
I  T  C  C  W  R  K  V  G  T  C  E  E
B  P  O  T  U  K  R  A  C  D  S  O  H
E  A  P  G  W  J  W  P  F  A  U  E  O
R  R  A  C  H  R  I  S  T  V  W  J  D
```

Forerunner

Wither the forerunner is for us entered, even Jesus, made an high priest for ever after the order of Melchisedec.
Hebrews 6:20

Anchor	High priest
Bringer	Melchisedec
Certain	Minister
Dedicated	Promise
Eternal	Sent
Everlasting	Steadfast
Firm	Sure
Forerunner	Trustworthy
Harbinger	Unchangeable

```
C E R T A I N N M E M R I F
Q N S R X C Q E B J M X I
O P F U R E G N I B R A H
A S R S B M K C C Z S F F
E I R E T S I N I M P Z M
U V T M I G C E G E N E U
Y B E B U B Y U C S L E N
K J B R I N G E R C R A C
A D G R L V C S H U O M H
Y T H S E A O I S O F P A
H D S I T N S R J O V R N
T E J P G E N T T S L O G
R T V T D H A U I F D M E
O A L E R Y P D R N N I A
W C C A N R V R F E G S B
T I Y H N L O L I A R E L
S D E H P R T H Z E S O E
U E Z Y S T E N C B S T F
R D V W U P B T E N J T O
T W Y B N N G M E S A N U
```

Foundation

Thus saith the Lord GOD, Behold, I lay in Zion for a foundation a stone, a tried stone, a precious corner stone, a sure foundation.

Isaiah 28:16

Actual	Permanent
Approved	Proven
Church	Pure
Confirmed	Real
Established	Rock
Faith	Secure
Foundation	Solid
Genuine	Strong
Immovable	Sturdy
Mainstay	Tested

```
U Y R G Y R M Y Y J I X F
B N O E S A Y D C F S O S
S L C N X K K I D T U A E
M P K U G F J A U N P S P
A C K I Y D Q R D P T E Y
I G F N U J D A R A R V D
N N C E D Y T O B M F I S
S O V X D I V L A A A E W
T R W Y O E I N Y C C U O
A T X N D S E F S U N R P
Y S M Q H N F K R S H Z D
V S P E T E N E D E S K S
H C D H B V K E L A A O B
T D O V H O M F T B L L C
I S E C O R R L D I W H C
A K X T I P A J D O U V T
F H M F S U X X D R E K J
S Q N E T E S L C E R U P
R O U C N A T H K Z D U P
C Z A I M M O V A B L E L
```

Fountain

*With thee is the fountain of life:
in thy light shall we see light.*
Psalm 36:9

Baptism

Cause

Cleansing flood

Current

Flow

Font

Fountain

Grace

Ocean

River

Sea

Source

Spring

Stream

Thirst quencher

Water

Wellhead

```
F F M H W Y W E Q P N Q F
Y S W M S J M H U Q L L T
N U I E H O G S N U O X D
F O F V L O U L I W H S M
O X R H F L K R Z T A E S
U U N N Y O H E C X P Q P
N S R C S P D E E E U A Z
T C E Y B I O D A C S Q B
A U H W S L O R S D A H W
I R C E M X L I T V C R A
N R N S F O F V R R Y V G
M E E U K M G E E O U T I
H N U A N P N R A I Y N F
Y T Q C X G I K M R U U O
D Q T K N H S J E W D L N
L E S I O R N J N L N Z T
M X R N E E A O G A T P I
U P I F J T E V M Y E R O
S V H J J A L U G V F C X
B A T P D W C E L E N F O
```

Friend of Sinners

As Jesus sat at meat in the house, behold,
many publicans and sinners came and
sat down with him and his disciples.
Matthew 9:10

Accepter

Advocate

Ally

Associate

Attender

Backer

Beloved

Benefactor

Caller

Carer

Companion

Company

Contact

Embracer

Fellow traveler

Friend

Guide

Hearer

Helper

Host

Inviter

Listener

Receiver

```
C C O M P A N I O N U O L
J N B E L O V E D I J N B
Z W T S I Z M A J C C E Y
K F K T B R R U R I N D A
Z I R X C E E E C E X T F
U D D I K A T T F G T G E
W P Z C E P T A I E Q Q L
E Q A A E N C N N V A F L
C B E C D T D D O R N L O
I H C T O V E B E C R I W
S A E R A R O L M E K G T
N G S A Q I L C P L P N R
R I R R R A C L A H N R A
E P A E C E E O H T Y E V
R C L N V H R V S N E C E
A T A E Y I K U A S E A L
C K S T L Z E P H D A R E
X K S S L G M C I O Y B R
W O E I A O N U E W O M M
H Q Y L C S G J Z R O E Q
```

Gift of God

Thanks be unto God for his unspeakable gift.
2 Corinthians 9:15

Appreciated

Bountiful

Cherished

Costly

Dear

Exquisite

Free

Incomparable

Inestimable

Lavish

Luxurious

Matchless

Peerless

Perfect

Precious

Priceless

Prized

Revered

Treasured

Valuable

```
L A P P R E C I A T E D Q
F V T U E T I S I U Q X E
L P R E C I O U S G I X R
G U Q Q L W P M V Q N V A
Z J X P W H E O A D C H E
M G P U E K L E B P O X D
A I C B R R C L R I M I C
T O N O X I F K L F P Q O
C P M E D E O E R K A R S
H V R P S E W U C C R U T
L C A I R T R H S T A O L
E H R L Z I I U P M B T Y
S E G E U E C M S X L X R
S R Z R V A D E A A E G W
D I O Y H E B Z L B E B X
P S A M G A R L K E L R L
H H G E M C Y E E A S E T
P E E R L E S S D Q R S C
D D S B L U F I T N U O B
D K M Z I D H S I V A L Y
```

Glory of the Lord

Arise, shine; for thy light is come, and the glory of the LORD is risen upon thee.
Isaiah 60:1

Beauty

Brilliance

Distinction

Elegance

Eminence

Exaltation

Excellence

Grandeur

Magnificence

Majesty

Marvel

Miracle

Radiance

Refulgence

Resplendence

Splendor

Sublimity

Triumph

Wonder

```
X X N E C N E L L E C X E
V W G Y R Q K B B O F R E
B M F W F V Z D D U U X M
E I Z G L J U F F E A A M
A R Z F U X I Y D L J A G
U A R T A Q T N T E G E O
T C E J S J A A S N C Y M
Y L D W A R T T I N T A W
R E N O G I Y F E I R R R
T L O H O M I D M V A E S
R Y W N O C N I E D F E E
I B M F E E L L I U N C C
U E G N L B E A L R T N N
M G C P U G N G O A C E A
P E S S A C E D A Z V N I
H E W N E N N F H X V I L
R L C C C E R I P A O M L
D E J E L A T O O C M E I
K U D P B G X I E T G J R
D I S T I N C T I O N H B
```

God

*God was manifest in the flesh,
justified in the Spirit, seen of angels,
preached unto the Gentiles, believed on
in the world, received up into glory.*
1 Timothy 3:16

Ascension

Birth

Death

Earth

Fish

Flesh

Food

Friend

Life

Manhood

Manifestation

Ministry

Miracles

Mystery

Parables

Pathway

Rebirth

Relationships

Resurrection

Teachings

Water

```
T Q O G H T R I B Q X O M
V E A W A S E L C A R I M
Z B A Y A W H T A P D E Z
F A F C F R I E N D R G R
R W A O H I D U J J E P B
M E A S O I S O P E T S O
R A S V C D N H O D A K M
L E N U O E H G Q H W W J
J W L I R N N T S W N I M
Z H M A F R Y S R E I A R
A M S S T E E R I I M P M
J F W E V I S C E O B Q E
U I Y L L Y O T T T N E N
K Y U B P F R N A I S Y R
S O F A P D D T S T O Y C
X L R R C F H E S H I N M
M W K A B T F O W I I O J
T A T P A I K U M J N P N
F K A E L L L M E Z A I S
L J D D W B H T R A E Q M
```

Good Samaritan

A certain Samaritan, as he journeyed,
came where he was: and when he saw him,
he had compassion on him.
Luke 10:33

Cared for

Had compassion

Help

Host

Ignored

Inn

Jericho

Jerusalem

Journey

Levite

Mercy

Neighbor

Oil

Paid

Parable

Priest

Road

Robbers

Samaritan

Thieves

Wounds

Jesus Himself is the Good Samaritan
who helps all who are in need.

```
K F N K X D O J H F H R W
E I W J Y M Q E M Y U X M
H I G N O R E D C Q J H P
E A C X A P S R V N A R O
V O D Y R R E S B Z I I P
U B K C E M E Y N E L G Y
S N O B O V N Y S M U W I
E R B M E M Z T R Z J N P
V O O I G M P O O E N Z X
R H H B B W F A R S H T R
Z T J V H D O U S R K H O
N U X O E G S U A S O U A
A V S R U A I J N S I D D
T E A S L R O E T D D O U
I C L E X T N H N H S E N
R D M B R X I E C A T H C
A W V J A D P D Y I V V U
M Q N L I R V L V J R E M
A X V A J B A E E Y L E O
S M P T R A L P U H U A J
```

Good Shepherd

I am the good shepherd.
John 10:11

Bring back	Hear
Call by name	Know
Care	Lead
Cherish	Listen
Comfort	Love
Die for	Protect
Feed	Restore
Find	Seek
Gather	Shield
Guide	Shepherd
Heal	Soothe

```
T A T E D I U G E V O L J
V O D I E F O R E M Z V T
D X G P A H E A L D E E F
G B G K C L R D Q F K C W
I R G V Y H X C D R A E H
L I S T E N E G L D A E L
M N J J Y G G R E K J C F
B G T L W E J L I T E D A
U B R X C A R E H S W E Y
Y A O H P P N O S D H J S
C C F E K I R E D E Z G A
L K M R P X R O M U K C J
X S O R Y O K A T R H I W
M B C F T F N U E E F N T
D G K S Q Y E H P P C W Q
L N E L B N T H R B K T A
F R D L D A O I T N A I O
G A L N G G F A O O M E G
H A I A U V G W E E O E X
C F S H E P H E R D D S L
```

Governor

*And thou Bethlehem, in the land of Juda,
art not the least among the princes of Juda:
for out of thee shall come a Governor,
that shall rule my people Israel.*
Matthew 2:6

Affirmation

Assertion

Assurance

Bond

Certitude

Commitment

Compact

Covenant

Declaration

Fulfillment

Guarantee

Oath

Pact

Pledge

Proclamation

Profession

Vow

Word

```
F V Z Y V S K P I L V W P
G U S N V G H E X C W Z O
I Y L E O W T C A P M O C
B N P F Q I W S P E W F V
O Y O T I H S O D C L I X
N F T I K L A S E K M U C
D B O R T T L R E O O O O
B P B V H A T M J F M Q B
R X N Q N I R I E M O N Q
Z G U O T O K A I N O R C
L C U U I J I T L I T O P
T E D A H T M T T C V A J
C E C K R E A A R E E W N
A G Z N N A M M N E A D U
P D D T A A N A R H S U V
T E K Z L R N T H I R S Q
V L M C K T U C E D F E A
B P O G S Q K S N E R F E
R R A H O D U A S N P O A
P F D P O K E I H A C O W
```

Guide

*For this God is our God for ever and ever:
he will be our guide even unto death.*
Psalm 48:14

Accompany	Lead
Aide	Oversee
Attend	Pilot
Conduct	Point
Direct	Preside
Escort	Rule
Go before	Shepherd
Govern	Show the way
Guide	Steer

```
P D E G R B V D N E T T A
B A C C O M P A N Y T D Y
L P B S A E D U X J I E S
K L R N H D O I R E E T S
V A C E O E U K R Z X L H
Z B X Y S Z P A G E T G B
Y W W G F I D H U I C U W
A A L C O V D J E T G T V
Z J Z C T B U E C R U C U
Y J P R N W E U Z U D L D
G P N Y E J D F T O L I P
O K B Y A N L L O K Y P J
P V Q U O W T X Y R O R E
O C E C H Z E N J E E S A
I Q H R E N N H S U C H R
N W B A S Y R Y T O Z U I
T E T A H E V E R W L Z W
M E D I U G E T V E O A M
L P I I N R O Q S O E H D
L E A D A G P C T C G D S
```

Head of the Church

He is the head of the body, the church.
Colossians 1:18

Altar	Gospel
Believers	Minister
Celebration	One in Christ
Chapel	Pastor
Church	Readings
Clergy	Rite
Congregation	Sabbath Day
Cross	Sacrament
Family	Scripture
Fellowship	Songs
Gift	Worship

```
R E A D I N G S W B C V C
Y D M I N I S T E R F O V
C L E R G Y D D M V N K B
W E J D I L U S X G N M B
C U L H D L Z Z R W M S C
G V Y B F E P E Y F H E W
N Z D T T C G R W X L H O
B M F I N A C S L E S Z N
R E R E T E O R B X H G E
A B L I L N M R O X H F I
H L O I G L A A L S A A N
Q N T S E T O C R M S C C
O Y T A I V C W I C G L H
Z S F O R W E L S E A B R
H L N Z P O Y R E H F S I
C E I R Z Z O Z S P I M S
R P I H N T F I G Z S P T
U A X K S F P I H S R O W
H H S A B B A T H D A Y G
C C P S C R I P T U R E J
```

High Priest

For this Melchisedec, king of Salem, priest of the most high God...To whom also Abraham gave a tenth part of all.
Hebrews 7:1-2

Ability

Bequest

Blessing

Charity

Contribution

Donation

Gift

Grant

Means

Measure

Offering

Percentage

Portion

Quantity

Share

Talent

Tenth

Time

Tithe

Treasure

Wealth

```
C O N T R I B U T I O N B
P N M U Z N O I T A N O D
Y E J W E A L T H Z P Y Z
J P E Z Z M A J P E N T R
O C E Z Q S Y G T M E I K
G T H R P I N I A I G T Y
E D E A C I Z M L T V N G
S X A N R E H K E Q Z A N
E K K E T I N U N B N U I
K R F Z A H T T T C E Q S
H F Z X M E S Y A G T W S
O Z T N G H R V C G N Q E
J N B Q A R T U Q F E Z L
H C F R Y S A G S N U E B
T K E G E T U N O A R U M
R B Z U E E I I T U E M M
F F Q H J C T L S T A R B
Q E T J I R N A I N F X T
B I M X O O E S S B A I P
T E J P O M A V V A A J G
```

Holy Child

Grant unto thy servants, that with all boldness they may speak thy word...and that signs and wonders may be done by the name of thy holy child Jesus.

Acts 4:29-30

Boldness

Bravery

Commitment

Competence

Confidence

Courage

Daring

Decision

Drive

Message

Perseverance

Power

Purpose

Resolve

Skill

Strength

Tenacity

Valor

Witness

V B W E R D E S O P R U P
M Z A T W R E S O L V E E
C E D F O S S E N T I W N
W L S D E C I S I O N K C
K P X S S N O V D A K O D
T T I E A S H U U D M X P
K D M A C G E I R M S E T
C Y O K H N E N I A R D X
B R E U L Q E T D S G S G
N E M Z T S M D E L Q E V
E V V V R E B V I J O M C
C A U V N P E H H F T B Y
N R D T D R N R N E N I I
E B S V A R E G N L Q O Y
T N C N R W I A N L A R C
E N C P O O C V K I U U P
P E P P Y I L R E K R W T
M C Q O T Z X A X S I A H
O N K Y B O N P V O R D D
C S T R E N G T H I I I I

Holy One of God

I know thee who thou art,
the Holy One of God.
Mark 1:24

Acknowledge	Experience
Admit	Grasp
Ascertain	Identify
Attest	Know
Comprehend	Name
Concede	Realize
Confess	Recognize
Discern	See
Discover	Single out
Distinguish	Testify

```
J  G  G  Y  I  E  Z  I  L  A  E  R  D
L  T  S  I  N  G  L  E  O  U  T  I  B
F  X  S  Q  Z  W  R  S  R  A  S  E  H
H  S  C  W  E  B  O  A  Z  C  T  U  R
G  E  Z  O  E  M  A  N  O  M  Q  C  B
R  V  I  I  N  N  K  V  K  Y  S  H  O
A  O  D  N  O  C  E  J  O  H  B  E  C
S  F  E  F  F  R  E  K  L  D  G  O  D
P  F  N  C  A  T  K  D  S  D  M  I  M
X  R  T  S  E  E  W  R  E  P  S  T  C
C  X  I  L  Q  J  E  L  R  C  S  O  I
E  D  F  G  D  B  W  E  E  E  N  T  R
Z  X  Y  Z  M  O  H  R  T  F  V  I  Y
I  B  Z  H  N  E  N  T  E  V  X  M  I
N  R  J  K  N  K  A  S  V  N  Y  D  B
G  G  C  D  L  L  S  M  A  H  R  A  S
O  A  B  T  E  S  T  I  F  Y  M  U  Y
C  V  H  S  I  U  G  N  I  T  S  I  D
E  X  P  E  R  I  E  N  C  E  L  Z  O
R  N  I  A  T  R  E  C  S  A  B  I  H
```

Holy One of Israel

Against whom has thou exalted thy voice, and lifted up thine eyes on high? even against the Holy One of Israel.

Isaiah 37:23

Challenge	Lose the way
Complain	Moan
Defy	Oppose
Disobey	Protest
Dispute	Rebel
Drift	Resist
Flout	Stray
Go against	Stumble
Grumble	Wander off

T	N	F	U	J	W	P	U	T	F	I	R	D
S	U	D	L	M	O	F	F	X	G	I	M	M
S	T	L	Y	D	E	F	Y	I	G	L	D	D
F	B	G	O	A	N	I	A	L	P	M	O	C
L	X	W	K	P	W	E	M	A	B	L	F	U
O	S	G	A	Y	P	E	T	F	L	I	E	N
U	U	T	E	N	N	O	H	U	Q	F	L	A
T	R	P	R	R	D	J	S	T	P	K	V	O
X	P	E	I	A	Z	E	U	E	E	S	K	M
V	K	U	S	I	Y	F	R	Q	C	S	I	O
K	W	V	V	I	Q	J	M	O	R	D	O	D
E	O	A	T	N	S	V	E	F	F	L	V	L
G	D	E	S	E	U	T	D	W	E	F	C	X
N	E	Y	N	T	N	Z	Q	C	P	F	Y	Y
E	L	E	I	K	S	E	L	B	M	U	T	S
L	B	B	A	N	D	E	Z	L	V	X	T	F
L	M	O	G	V	E	B	T	P	E	S	A	X
A	U	S	A	O	L	S	H	O	Y	B	P	A
H	R	I	O	C	O	O	G	L	R	E	E	G
C	G	D	G	M	G	N	O	A	H	P	U	R

Horn of Salvation

The LORD is my rock, and my fortress, and my deliverer; my God, my strength, in whom I will trust; my buckler, and the horn of my salvation, and my high tower.

Psalm 18:2

Bastion

Buckler

Castle

Citadel

Defense

Deliverer

Fortress

God

High tower

Horn of Salvation

Powerful weapon

Protector

Refuge

Rescuer

Rock

Savior

Shelter

Shield

Strength

Sword

Stronghold

```
D H T G N E R T S A U J S
T W J I Q G C W K R H S I
B D N B G G E R F H D C L
Q L L U O L E O H H L Y P
P E E D S I D S O I O R U
O I D H S T E A R G H X E
W H A Y E Z F V N H G L G
E S T P R A E I O T N S U
R E I R T X N O F O O K F
F B C H R G S R S W R U E
U A P T O O E A A E T U R
L S S V F Y F V L R S R R
W T C W K C O R V T R O E
E I N Y U I R R A W E T R
A O S L R E R E T S S C E
P N K W L S L T I Z C E V
O H Y K O T Q L O U U T I
N O C D S R B E N E E O L
V U L A Y N D H J D R R E
B P C K K X I S S F L P D
```

Jehovah

Trust ye in the LORD for ever: for in the LORD JEHOVAH is everlasting strength.
Isaiah 26:4

Find the bolded words.

Open ye the **gates**, that the righteous **nation** which keepeth the **truth** may enter in.

Thou wilt **keep** him in perfect **peace**, whose **mind** is stayed on thee: because he trusteth in thee.

Trust ye in the LORD for ever: for in the LORD JEHOVAH is **everlasting** strength:

For he bringeth **down** them that **dwell** on high; the **lofty** city, he layeth it low; he layeth is low, even to the **ground**; he bringeth it even to the **dust**.

The **foot** shall **tread** it down, even the feet of the **poor**, and the steps of the **needy**.

The way of the **just** is uprightness: thou, most **upright**, dost **weigh** the path of the just.

Isaiah 26:2-7

```
Z  N  Z  S  E  T  A  G  X  M  Y  B  E
Z  A  D  L  F  N  V  L  H  T  U  R  T
N  T  Q  M  P  B  A  D  F  C  D  H  A
S  I  Y  W  I  R  N  H  F  W  L  J  D
H  O  J  P  J  I  O  W  E  P  T  E  D
P  N  U  L  M  V  I  L  B  G  G  O  E
G  V  A  Z  F  X  L  C  P  S  W  V  J
O  X  I  H  X  M  W  E  Y  N  E  R  G
A  U  C  G  C  Z  A  O  N  R  D  R  X
E  F  O  O  T  C  C  O  L  K  O  P  I
U  L  P  Z  E  P  N  A  F  U  D  F  H
H  L  O  F  T  Y  S  C  N  A  R  O  Z
A  K  E  E  P  T  O  D  E  Q  V  R  I
V  D  T  S  I  P  T  R  E  T  S  U  D
O  H  Z  N  E  H  T  D  X  E  V  Z  C
H  R  G  N  G  H  G  T  Z  T  O  A  W
E  O  W  I  M  L  S  I  S  Q  A  U  M
J  O  R  G  D  U  J  U  E  J  A  U  N
D  P  E  N  J  G  R  N  V  W  M  K  L
U  Y  U  A  W  T  H  S  Y  D  E  E  N
```

Judge

*He commanded us to preach unto the people,
and to testify that it is he which was ordained of
God to be the Judge of quick and dead.*

Acts 10:42

Assert	Examine
Assess	Find
Choose	Finish
Consider	Judge
Decide	Mediate
Declare	Pronounce
Decree	Resolve
Deem	Rule
Determine	Select
Evaluate	Weigh

```
L C Y E W O L E E R C E D
L O H J T R E S S A K Z E
P L N O C O E R A L C E D
F P B E O W V S X E R V K
A E V L O S E R G S S A J
U S Z A Y R E D Y C D L K
V J S O Y G U H Z R E U J
J H P E L J Q R R Z C A Q
A D N P S E L U R J I T J
T N P V K S O E L B D E P
A I X L E Y D W B W E R Q
E F Y W E I A T S A O Z K
N D U F S N N Q C N S W G
I Z U N U A U E O E E S
M E O U J N N U G I L W Y
R C G L U I N Q G X T E L
E A G X M C Q H Z C J T S
T Q X A E L E T A I D E M
E C X K G D E E M H E N G
D E V H R H S I N I F P L
```

King of Israel

Thou art the King of Israel.
John 1:49

All people	Kingdom
Authority	Monarchy
Church	Nation
Command	Omnipotence
Cosmos	Possession
Creation	Realm
Domain	Sovereignty
Dominion	Supremacy
Empire	Universe
Everyone	World

```
Q S O M S O C L U J T I O
C K A Z H T M A Q J L W P
C O Q V R B F O L V P Q O
Z K E F K W D Q D U X M J
E X O V O Y Q N N G N L G
N B G R E W H I A I N Y Y
F H L Q S R V C P M C I D
M D C U U E Y O R A M O K
Z U Z R R N T O M A M O A
N S Y S U E O E N I N M C
Y E E T N H R I N E N O A
T T R C N P C I T O C L M
I P E I U G O N I A L W S
R K E S P N I S O P E I L
O C P X T M S E E I L R M
H K Q Z L E E O R A T M C
T X P A S V P R W E L A I
U G E S B L D Y M R V T N
A R O H E E P V Z G H O Y
T P D O M A I N B Q P T S
```

Lamb of God

*Behold the Lamb of God, which
taketh away the sin of the world.*
John 1:29

Atonement

Blessed

Complete

Deliverer

Expiation

In our place

Innocent

Lamb

Punishment

Pure

Qualified

Ransom

Redeemer

Sacrifice

Savior

Scapegoat

Sinless

Uncorrupted

Without blemish

```
W Z O N O I T A I P X E Y
I Y S T N D E S S E L B R
T K C T N E M H S I N U P
H M A T D E I F I L A U Q
O D P A A D H W N N U B C
U Q E C O M P L E T E R S
T M G Q T W W F S V X E V
B B O H Q M H E N P C X Y
L I A S U Q S A V I O R D
E N T A N W N T F L H E D
M O M U T A E I D E L R E
I U Z M R O R X Y I E K T
S R X S T C N T V S R B P
H P D W A D N E S E M T U
P L A S M E R E M A F A R
H A G P C E L E L E X Q R
A C K O R N E J Q P N E O
C E N H I D N R V F R T C
R N B S E C B A U U X R N
I N C R W X H F P I I B U
```

Lawgiver

*The LORD is our judge, the LORD
is our lawgiver, the LORD is our king;
he will save us.*
Isaiah 33:22

Caution

Conscience

Conviction

Counsel

Direction

Discernment

Example

Gospel

Guidance

His Word

Instruction

Judgment

Law

Parables

Signs

Teaching

Ten Commandme␣

Warning

Wisdom

```
S Q Q Z K T N E M G D U J
Q I H G O S P E L O O K W
T E N H H M R S I G N S L
V D G S T S E L B A R A P
C U T A T P G G H U W Y K
S D U N R R K M V C W M H
T D I O E M U Z O F H D K
N J K R Z M P C K D B Q G
E L Z I E R N J T V S U N
M L J L C C P R L I I I T
D X E N O I T W E D O E W
N Y C O U O A I A C A N N
A J N I N P G N O C S N P
M D E T S N C N H N E I L
M R I C E E O I I L T A D
O O C I L L N I P N W Y P
C W S V I G L M T Q R N R
N S N N J K A T G U C A Y
E I O O I X O H K C A C W
T H C C E D V G O B F C N
```

Light of the World

I am the light of the world.
John 9:5

Awareness

Beam

Belief

Candle

Comprehension

Discernment

Enlightenment

Experience

Faith

Flame

Illumination

Insight

Knowledge

Lamp

Perception

Sense

Spark

Understanding

Wisdom

```
H I Z X D I W F E M A L F
I G L W H L L B D M I J L
F E E B K L P F E I L E B
R C Z G D U B B F A X H K
C N N S V M W U O H M G F
O E X P M I V J F H T A R
M I E A A N S Q B J I W B
P R H R G A P A X T D I L
R E I K N T B W H N I S B
E P J X I I A A N E S D E
H X N F D O N R Z M C O W
E E V L N N O E E N E M S
N O W Y A C I N G E R M S
S T H G T M T E D T N L L
I H N E S E P S E H M F X
O G Y L R E E S L G E P D
N I G D E S C F W I N S S
J S K N D N R N O L T J Q
V N G A N E E D N N H I E
K I X C U S P S K E B I J
```

Lion of the Tribe of Judah

Weep not: behold, the Lion of the tribe of Judah, the Root of David, hath prevailed to open the book, and to loose the seven seals thereof.

Revelation 5:5

Find the bolded words.

Moreover he refused the **tabernacle** of Joseph, and chose not the tribe of **Ephraim**:

But chose the **tribe** of Judah, the mount **Zion** which he **loved**.

And he built his **sanctuary** like high **palaces**, like the **earth** which he hath **established** for ever.

He chose **David** also his **servant**, and took him from the **sheepfolds**:

From following the **ewes** great with **young** he **brought** him to feed **Jacob** his people, and **Israel** his inheritance.

So he **fed** them according to the **integrity** of his **heart**; and guided them by the **skillfulness** of his hands.

Psalm 78:67-72

```
Y  J  E  B  I  R  T  C  Y  N  Q  M  P
W  E  M  A  F  Y  Z  U  D  I  V  A  D
X  S  E  B  E  N  J  X  B  I  M  S  Y
F  B  I  R  D  A  J  A  M  J  S  T  S
B  A  S  E  Z  P  Y  Z  M  E  R  H  Y
O  B  R  E  I  Q  E  I  N  A  E  P  R
C  F  A  V  O  U  A  L  E  E  D  A  A
A  U  E  N  N  R  U  H  P  F  W  L  U
J  Y  L  G  H  F  T  F  E  F  A  A  T
N  E  V  P  L  H  O  B  H  J  R  C  C
D  P  E  L  G  L  R  R  L  A  Q  E  N
Z  K  I  U  D  Z  I  A  O  R  D  S  A
V  K  O  S  S  E  R  V  A  N  T  U  S
S  R  Z  O  Z  Y  H  P  E  S  O  J  J
B  A  L  O  Y  T  I  R  G  E  T  N  I
E  S  T  A  B  L  I  S  H  E  D  E  I
B  B  O  R  E  V  O  E  R  O  M  Z  N
Q  S  E  W  E  R  T  R  H  T  R  A  E
E  Y  O  U  N  G  S  O  D  E  V  O  L
B  Y  N  E  L  C  A  N  R  E  B  A  T
```

Lord of Lords

He hath on his vesture and on his thigh a name written, KING OF KINGS, AND LORD OF LORDS.
Revelation 19:16

Abound	Prevail
Beat	Reign
Bring down	Rout
Conquer	Subdue
Crush	Subjugate
Defeat	Surmount
Dominate	Trample
Govern	Triumph
Humble	Vanquish
Overthrow	Win

```
H O M E L B M U H J J D D
S U V M B S K J N G I E R
C R J E C R B W P V F E F
R D B S R T C E C E T F W
U I N U K T Y C A T U O R
S D Y B Y T H T F T G W X
H N T J E X N R X F Y M R
Z U B U U N B U O B C J A
O O R G D Q R G O W O S Y
L B I A O U L E Z M X U M
V A N T M W E Q V S R E R
C Z G E I S Q L G O F U Y
F A D Q N H O Z E C G T S
X R O L A R S P B Y R E W
E E W I T M O I J I L H I
U U N A E W W B U P R C F
D Q P V S H W M M Q J O W
B N Q E G H P A H I N I B
U O M R Y H R L V D N A M
S C S P U T Z R D E E V V
```

Man

*For since by man came death, by man came also
the resurrection of the dead. For as in Adam all
die, even so in Christ shall all be made alive.*

1 Corinthians 15:21–22

Adam	Grace
Alive	Heaven
Atonement	Humanity
Being	Joy
Christ	Man
Coming	New life
Creation	Paradise
Eden	Resurrection
Empty tomb	Risen
Faith	Sin

```
O Y J E G G N I M O C V M
J G R A C E X Y X Y A J A
R L L F X H R O U S E O F
H E V F M E R K R N I H C
U F S T B F S I K C E N W
M Z D U Y Z A I S R Y D E
A P X P R G H I D T O R E
N M A D A R E I T A J W A
I R W N T O E X U H R T Y
T H M E P C J C I V O A P
Y P X L M F V F T N V Y P
H S I X N P Y B E I B C N
V M U B A F T M W F O S N
R I S E N Y E Y O U E N O
T O G H Z N N C T F Y N I
B Y E D T G X O I O E Z T
L C V N G N Q L M V M S A
C R I D F I W M A Q J B E
Y I L E A E U E N P L C R
T K A Z N B H K N D Y B C
```

Master

*A certain scribe came, and said
unto him, Master, I will follow thee
whithersoever thou goest.*
Matthew 8:19

Believer

Devotee

Disciple

Educator

Follower

Head

Instructor

Leader

Learner

Lord

Master

Minister

Priest

Professor

Pupil

Rabbi

Student

Teacher

Trainer

Tutor

```
F  J  P  T  R  C  S  B  O  I  X  K  G
V  R  B  R  E  L  P  I  C  S  I  D  T
X  E  U  R  O  T  C  U  R  T  S  N  I
W  T  Q  R  X  F  B  P  I  B  B  A  R
M  S  U  P  T  K  E  H  U  P  N  C  E
D  A  G  F  K  V  L  S  E  P  Q  T  N
U  M  F  B  T  Z  R  O  S  N  I  X  P
Q  D  T  Z  R  S  J  E  R  O  C  L  A
Z  J  V  H  E  B  E  H  H  D  R  A  H
R  B  R  Z  D  E  U  I  V  C  N  B  L
Q  B  D  V  A  L  R  X  R  Y  A  R  O
H  T  P  J  E  I  R  E  C  P  O  E  A
R  N  E  A  L  E  Y  E  N  T  K  V  T
E  E  C  E  E  V  U  D  A  I  M  A  H
T  D  K  E  A  E  J  C  K  I  A  Y  X
S  U  C  T  R  R  U  W  R  C  Y  R  A
I  T  D  O  N  D  P  O  A  E  S  O  T
N  S  A  V  E  T  T  S  M  Q  Y  C  J
I  B  E  E  R  U  J  V  X  B  T  J  U
M  A  H  D  T  R  E  W  O  L  L  O  F
```

Mediator

*For there is one God, and one mediator between
God and men, the man Christ Jesus.*
1 Timothy 2:5

Advocate	Negotiator
Agent	Offering
Arbiter	Peacemaker
Conciliator	Pleader
Go between	Representative
Interceder	Sacrifice
Intercessor	Son of God
Liaison	Speaker
Mediator	Stand in

```
P  N  L  A  E  C  I  F  I  R  C  A  S
R  I  E  R  E  D  E  C  R  E  T  N  I
A  I  P  G  N  E  E  W  T  E  B  O  G
R  N  N  E  O  D  O  G  F  O  N  O  S
B  F  S  T  A  T  G  W  W  S  J  I  P
I  P  O  S  E  C  I  G  K  E  A  F  R
T  A  M  C  N  R  E  A  K  E  X  S  E
E  Q  F  L  G  F  C  M  T  Y  K  Z  P
R  D  E  A  L  G  V  E  A  O  P  C  R
N  E  A  M  L  I  O  Q  S  K  R  P  E
O  H  T  B  E  A  A  S  E  S  E  U  S
K  X  Z  A  G  D  S  I  S  S  O  R  E
J  U  R  E  C  B  I  C  S  G  C  R  N
R  G  N  R  D  O  N  A  N  O  F  D  T
E  T  K  X  L  J  V  I  T  Z  N  E  A
K  V  T  Y  E  O  R  D  D  O  H  Y  T
A  X  S  J  X  E  V  J  A  N  R  R  I
E  I  U  C  F  S  Z  C  Q  L  A  Z  V
P  B  O  F  R  E  D  A  E  L  P  T  E
S  C  O  N  C  I  L  I  A  T  O  R  S
```

Minister

*A minister of the sanctuary,
and of the true tabernacle,
which the Lord pitched, and not man.*
Hebrews 8:2

Example	Offerings
Forever	Ordained
Gifts	Priest
Heavenly	
Heavens	Promise
Lord	Sacrifice
Majesty	Sanctuary
Mediator	Tabernacle
Mercy	
Minister	Throne
New covenant	Unchangeable

```
K B W R E V E R O F Z G P
Y O T E E C I F I R C A S
L H E A V E N S X X N M S
N J T C B W D R R R K A O
E G S A Q H Y M U O N F O
V F P E N O R H T C F R N
A O R T O N G N T E D E L
E H I H G Q D U R A W C O
H J E K T M A I I C U E R
T J S R N R N N O C L H D
K G T R Y G E V B B H E M
E Y O B S D E G A B L I Y
S T M I R N T E R C N M G
I S V H A W G O A I E E S
M E L N K N T N S L D R S
O J T P A A R T P P L C M
R A O H I E E M T W U Y A
P M C D B R A Z K J M K T
D N E A B X P E R J M C E
U M T B E O K F S T F I G
```

Nazarene

He came and dwelt in a city called Nazareth:
that it might be fulfilled which was spoken by the
prophets, He shall be called a Nazarene.
Matthew 2:23

Carpenter

Community

Country

Family life

Fulfillment

Galilee

Home

Joseph

Market

Mary

Nazarene

Occupation

Parents

Place

Prophecy

Synagogue

Town

Water well

Work

```
A J E C T Y C E H P O R P
C P G B A Q O O M N T R W
O O D Z H R M P O V C Y P
U R G F Y E P W L U L A P
N Z N W E T P E P A R Z F
T Q G A N A I P N E C U N
R C G T E N D N N T L E L
Y S A E R Z V T U F E V I
E Y O R A Y S J I M E R O
E N R W Z D A L P F M C O
L A M E A Z L T I S C O A
I G A L N M O L G U H S C
L O R L E Z Y P P K P W W
A G O N T L K A K F O E X
G U T B I T T J W R S H Z
Q E N M E I Q Q K Y Y P C
U J A K O D M A R Y X E N
I F R N Y F O J K Z O S Z
P A T O W N C W D K W O M
M J W T N G M F F A U J F
```

Only Begotten Son

No man hath seen God at any time, the only begotten Son, which is in the bosom of the Father, he hath declared him.

John 1:18

Find the bolded words.

As **Moses** lifted up the **serpent** in the wilderness, even so **must** the **Son** of man be **lifted** up:

That **whosoever** believeth in **him** should not **perish**, but have **eternal** life.

For **God** so **loved** the world, that he **gave** his only **begotten** Son, that whosoever **believeth** in him **shoul** not perish, but have **everlasting** life.

For God **sent** not his Son **into** the **world** to **condemn** the world; but that the world **through** him might be **saved**.

John 3:14-17

W M J E A I Q K F Z C N V
Y C O V F U T Z H Y G B L
O M O S E T F J J N K I C
D R I N E Q J R I Z F T D
N G T L D S N T Y T J M Z
B R C H D E S X E W L F T
M O E Q R A M D S V T C A
H Y V V L O N N S Y N O S
C U D R E F U E V A G C P
E N E A D O R G D L R O W
X V Q N K P S U H D K A S
E H F U E G M O X N H L S
C M I N W F L A H T D N V
E U T M S L D A E W E P U
I Z A X H H Y V N T N E S
Y N S X O S E U T R D Q J
L G T T U I V O B E E L A
P W S O L R G F V Y Q T W
J U G E D E D A X G O D E
M L B U B P S J D E V O L

Passover

Purge out therefore the old leaven, that ye may be a new lump, as ye are unleavened. For even Christ our passover is sacrificed for us.

1 Corinthians 5:7

Atonement	Lump
Bitter	Meal
Bread	Obey
Celebrate	Passover
Chosen people	Ready
Eat	Remember
Haste	Repent
Herbs	Sacrifice
Hurry	Save
Gratitude	Spare
Lamb	Yeast
Leaven	

```
R M X C Q Y D A E R Z G Y
C B R E A D V I S G Z R Y
X M E A L U U S H W K E U
L U M P O H A K T F A S C
U F M B R V N N E S I E V
I S E Q E E E M T X L Z V
N Y A P T M V Y E E F J B
X I Z C E X A O B T L Q Z
J L K N R E J R S L S E M
R L O W W I A Y D S L A H
W T E O E T F R I P A E H
A F P A E D E I O K R P H
L B U J V B U E C B W U E
B I M J M E P T S E R A G
M T U E K N N L I R T T C
A T M H E H E I Y T N K F
L E D S J R D D I E A S Y
R R O P A E P J P H O R N
U H X P P E F E H L N P G
C B S Z D T R D U W F M N
```

Physician

They that are whole have no need of the physician, but they that are sick: I came not to call the righteous, but sinners to repentance.
Mark 2:17

Attend

Call

Cure

Ease

Free

Heal

Make well

Mend

Receive

Reconcile

Regenerate

Rejuvenate

Remedy

Renew

Repair

Restore

Salve

Soothe

Treat

```
J Q K S U J R U L E C J M
N G E X A C I V E T U R D
F U B E W L L H L L R I R
A Q N R R R V D E D E E R
A T D E U F R E T A M E I
Y W T C A A T T U E N A V
Z Y Q E H B T R D E B A R
X E W I N J L Y W S A E J
J O C V R D E I C T G E E
U I E E I B X Y R E T T A
P Z X O A U E E N A L R S
K Y A S P E A E N L E O E
L R B L E T R E H L O I B
L E Z E R A V C I T B L K
E S W I T U A C H O U T N
W T A E J B N E O Z T F S
E O E E N O L R L D C G N
K R R F C A I F A L N V O
A E I E E W Y U D Z A E F
M R R H X S X H Y P Q C M
```

Prince

*Him hath God exalted with his right hand to be
a Prince and a Saviour, for to give repentance to
Israel, and forgiveness of sins.*

Acts 5:31

Absolution

Attrition

Conscience

Exoneration

Favor

Forgiveness

Freedom

Grace

Grief

Guilt

Harmony

Integrity

Justification

Mercy

Pardon

Regret

Release

Remorse

Repentance

Sorrow

Union

```
H J F Y N O M R A H H Z U
X H M X E R M O D E E R F
Y P R Y D O N I V C H I U
F G T E O R A T W N E F M
F O I V M D E C B C V E I
J S R H J O S L A G R Z N
O U N G G J R R E C N W T
R T S O I M G S Y A F N E
E O D T I V Y N E N S T G
C S C E I T E T O I R E R
N F N N C F A N E D K G I
A A O F O N I R E R R F T
T V I Q V I E C E S G A Y
N O T R U W T I A N S E P
E R I I Z U O U C T O W R
P F R X T M N R L S I X B
E E T Y L Q A I R O N O E
R I T W I J C N O O S O N
O R A Z U H W Z U N S B C
G G G F G O Z E W D N Z A
```

Prophet

Moses truly said unto the fathers, A prophet
shall the Lord your God raise up unto you of
your brethren, like unto me; him shall ye hear in
all things whatsoever he shall say unto you.

Acts 3:22

Aaron	Huldah
Agabus	Isaiah
Amos	Jeremiah
Anna	John the Baptist
Daniel	Malachi
Deborah	Micah
Elijah	Miriam
Elizabeth	Moses
Ezekiel	Nathan
Hosea	Samuel

D K P I H G X A T V E N S
A B M R Y C X A N N A Z O
N E L I J A H R R U M Q E
I H S U C W L O Z L O Z N
E V P W L A A N M Q E E M
L B Q I E K H I U K F I F
Z A P S G D T K I J R Y T
S O O A C S A E K I I Y S
O H I I C N L G A A Z R I
M A I A K L A M A P M D T
A M C H Z H C H E B Y O P
T E A N F T A T T Y U H A
G I B L C X P R L A T S B
M S D A A A S E O E N G E
W O W M Z C U J B B H D H
B M S F S M H A H A E A T
H U K E A F Z I D E F D N
R K T S S I O L M Q C B H
Z J W P L D U S R M O M O
E N E E Y H A I M E R E J

Propitiator

Herein is love, not that we loved God, but that he loved us, and sent his Son to be the propitiation for our sins.
1 John 4:10

Find the bolded words.

God is love.

In this was **manifested** the love of God toward us, becaus that God sent his only **begotten** Son into the **world**, tha we might live **through** him.

Herein is love, not that we loved God, but that he loved us, and **sent** his Son to be the **propitiation** for our **sins**.

Beloved, if God so loved us, we **ought** also to love one **another**.

No man **hath** seen God at any **time**. If we love **one** another, God dwelleth in us, and his love is **perfected** in u

Hereby **know** we that we **dwell** in him, and he in us, **because** he hath **given** us of his **Spirit**.

1 John 4:8-13

```
P  S  E  N  T  H  E  K  Q  T  E  Y  P
H  C  W  T  X  G  E  K  H  J  K  J  B
V  W  X  N  B  K  M  R  J  D  I  E  H
X  O  X  F  N  S  O  B  S  J  G  E  L
G  N  T  C  S  U  Q  B  O  O  R  M  H
Y  K  I  I  G  H  M  Y  T  E  D  R  K
M  D  P  H  M  V  W  T  I  E  E  N  O
R  N  R  E  D  E  N  T  D  Y  J  M
Z  T  K  M  R  N  Z  S  A  T  R  N  G
I  Z  H  R  W  F  E  D  T  G  O  U  S
D  Q  Q  T  T  F  E  M  B  I  K  P  W
L  O  A  U  I  P  D  C  T  G  I  J  V
R  V  M  N  Z  E  E  A  T  R  G  Y  P
O  E  A  E  V  X  I  S  I  E  R  N  D
W  M  B  O  Q  T  C  T  U  E  D  W  Q
B  J  L  T  I  F  Q  N  H  A  E  I  H
V  E  H  P  H  K  S  T  E  L  C  A  W
B  S  O  T  E  G  O  N  L  V  T  E  D
O  R  G  R  V  N  U  Y  I  H  I  A  B
P  Z  H  L  A  G  S  O  O  S  N  G  S
```

Purifier

*He shall sit as a refiner and purifier of silver:
and he shall purify the sons of Levi, and purge
them as gold and silver, that they may offer unto
the LORD an offering in righteousness.*

Malachi 3:3

Absolve	Hallow
Atone	Perfect
Bathe	Purge
Bless	Purify
Cleanse	Redeem
Consecrate	Refine
Dedicate	Sanctify
Elevate	Set apart
Exculpate	Wash
Glorify	

```
P  E  Y  F  I  R  O  L  G  E  Q  K  O
U  X  C  V  A  B  D  E  N  I  F  E  R
R  C  O  N  S  E  C  R  A  T  E  K  Q
I  U  U  Z  Q  R  N  L  S  Z  I  Q  Y
F  L  I  B  P  U  R  G  E  U  E  J  Y
Y  P  S  L  Z  Y  F  I  T  C  N  A  S
U  A  N  E  O  E  T  C  E  F  R  E  P
S  T  X  S  B  Q  T  M  R  I  H  T  I
B  E  O  S  A  G  E  A  F  U  M  O  L
M  L  T  K  K  E  A  U  C  I  E  K  C
A  E  M  A  D  N  R  M  A  I  Q  V  B
A  X  C  E  P  M  N  M  F  M  D  A  M
V  C  R  L  B  A  W  A  S  H  T  E  G
E  E  O  T  E  L  R  D  L  H  B  E  D
V  V  T  S  E  A  B  T  E  W  N  N  E
L  U  A  A  A  I  N  D  W  O  L  O  K
O  E  U  N  V  G  Z  S  P  L  K  T  X
S  K  Y  Y  N  E  G  O  E  L  D  A  H
B  R  B  A  X  Y  L  S  P  A  I  I  K
A  X  L  H  U  C  K  E  C  H  L  Q  W
```

Ransom

There is one God, and one mediator between God and men, the man Christ Jesus; Who gave himself a ransom for all.
1 Timothy 2:5-6

Buy back	Recover
Deliver	Redeem
Disimprison	Release
Emancipate	Rescue
Fulfill	Save
Liberate	Serve
Loose	Set free
Manumit	Unbind
Ransom	Unfetter

```
S O B W C R E T T E F N U
E A P H N O K K E S O O L
T D I S I M P R I S O N C
F S E Z Z W T D G Y P Z M
R R M L D E T A R E B I L
E W E M A N C I P A T E O
E M O L U U R E V O C E R
P E A F E W H V I U M W Z
C S V Z E A D H H S J C A
U H R A G G S D N I B N U
X H E I S B W E H Z J C E
E R V W M V U R D A Q O M
V O I O X O Z Y W A I I Z
R V L V P Y L T B Z A C F
E A E G Q M I L E A W I R
S I D E E M S Y I T C I B
T W Y E U H B J N F F K T
K M D N G G W X H E L W B
P E A R E S C U E K K U S
R M O S N A R X M N U Y F
```

Reaper

He that sat on the cloud thrust in his sickle on the earth; and the earth was reaped.
Revelation 14:16

Collect	Pick
Crop	Result
Divide	Return
Field	Seed
Fruit	Separate
Garner	Sickle
Glean	Sow
Grain	Tares
Harrow	Weeds
Harvest	Yield
Ingather	

```
Q C T A M N W V C L T V O
F L R A A Q Y T L U S E R
I H J H R I M D N A E L G
E N P Y E E E N C B J N L
L H S L P L S A C X Q L E
D S D E K R E H T A G N I
M E P C P T C S R H D E F
M F I H L A O I A R C N E
Q S P N A W R R C Q S S V
A N I I S R V A B Z C K B
Y R C D T E R G T R E U D
I K K I S C F O G E D I R
G M I T M H T T W R V P C
T H I A V E M S F I U O O
C U L O N Z K R D V V R L
S J N L B R T E E Z E C L
D J A I D W U I B N V C E
E M G E A K L T U F R Y C
E E E Y H R P J E R I A T
W S M R D O G X T R F P G
```

Redeemer

For I know that my redeemer liveth, and that he shall stand at the latter day upon the earth.
Job 19:25

Acceptance	Job
Affirmation	Loyalty
Avowal	Misfortune
Belief	Stand up for
Confidence	Sureness
Declaration	Testimony
Faith	Trust God
False friends	Truth
Fidelity	Witness
Hope	

```
J  F  N  O  I  T  A  M  R  I  F  F  A
F  S  V  E  C  N  A  T  P  E  C  C  A
A  S  T  A  N  D  U  P  F  O  R  Q  A
I  S  D  N  E  I  R  F  E  S  L  A  F
T  Y  Z  Q  O  S  F  E  I  L  E  B  I
H  L  O  Y  A  L  T  Y  L  I  N  F  V
T  E  S  T  I  M  O  N  Y  O  R  I  G
O  R  K  L  E  F  H  Q  I  M  G  D  C
W  O  O  D  J  O  X  T  D  Q  Z  E  V
T  W  K  O  P  S  A  O  V  V  V  L  Q
B  T  B  E  W  R  G  Z  E  E  N  I  S
M  A  F  Z  A  T  S  V  C  N  J  T  S
T  F  T  L  S  R  S  A  N  U  X  Y  E
C  A  C  U  W  S  E  V  E  T  Y  U  N
Y  E  R  W  S  O  N  O  D  R  P  F  E
D  T  T  Y  H  K  T  W  I  O  Y  Y  R
Z  W  M  A  T  P  I  A  F  F  F  Z  U
M  B  M  A  U  B  W  L  N  S  S  F  S
M  A  Q  Z  R  B  H  N  O  I  F  R  N
H  L  Z  O  T  W  C  E  C  M  E  B  O
```

Refuge

Thou hast been a strength to the poor, a strength to the needy in his distress, a refuge from the storm, a shadow from the heat, when the blast of the terrible ones is as a storm against the wall.

Isaiah 25:4

Against

Blast

Cover

Distress

Escape

Heat

Needy

Oppressed

Pain

Poor

Protection

Refuge

Safe harbor

Shadow

Storm

Strength

Tempest

Terrible

Thou

Trouble

Wall

```
N T W P T E R R I B L E T
D G E P Z Q M A U L H D I
P X S S I N W B O C T Q F
E P Q H C B L D V U G T S
E P R P A A N I A P N H T
J O R O S D P O W C E D O
D O O T T V O E M R R H R
Y R Y D E E N W M R T K M
T G I L D E C C Z I S T S
R U K V K E T T S Z S F T
O R I D Y N S B I E L W A
U O Y H V T O S P O A R R
B B V H S U D M E L N X S
L R H N T S E E L R M L P
E A E D S T E D G N P C N
G H A H N H H R R U K P B
V E T O I B E O T E F M O
R F H Y A U L J U S V E X
C A R Q G F D M D V I O R
E S E W A Y S M D P M D C
```

Resurrection

*Jesus said unto her, I am the resurrection,
and the life: he that believeth in me,
thou he were dead, yet shall he live.*
John 11:25

Believe

Bethany

Comforters

Death

Glory of God

Grave

Great love

Jesus wept

Lazarus

Life

Martha

Mary

Mourners

Prayer

Resurrection

Stone

Tomb

Town

Witnesses

```
R X Y S R E T R O F M O C
W D T P E W S U S E J B D
R B P K U Q I E F T G S P
G J S P K X I B R W C D W
B Y B L A Z A R U S E I P
S E Q I L P Z Y Y A T Y E
C N L O F P H N T N A K A
R W M I T S A H E M M M M
E O R G E H T S S E U N O
Y T D D T V S O V Y O D U
A P C E O E E O N I N K R
R P B K S G L W T E P D N
P L W B H T F C E Z X D E
V Y M C A X E O B M X Z R
N O Q E Q R X A Y R Y M S
T X R Z R A T E H R I W M
C G K U E J E E V T O A T
F J S T O O I F B A R L V
Q E B Z T E P I H Y R A G
R Q B N U L C L M U U G M
```

Righteousness

In his days Judah shall be saved, and Israel shall dwell safely: and this is his name whereby he shall be called, THE LORD OUR RIGHTEOUSNESS.

Jeremiah 23:6

Find the bolded words.

I will gather the **remnant** of my **flock** out of all **countries** whither I have **driven** them, and will bring them **again** to their **folds**; and they shall be **fruitful** and **increase**.

And I will set up **shepherds** over them which shall **feed** them: and they shall **fear** no more, nor be **dismayed**, neither shall they be **lacking**, saith the LORD.

Behold, the days **come**, saith the LORD, that I will **raise** unto David a **righteous** Branch, and a King shall **reign** and **prosper**, and shall execute **judgment** and **justice** in the earth.

Jeremiah 23:3-5

```
L P L W K R E M N A N T B
B Y F L V A T A T C F E I
U W E R B F T R O Z H W P
R P E T I R C U A O O Z Y
G E D S A G N O L E Z O J
V Y I I H T H D M E F U B
O O S G R E Z T S E D U M
L E Y I N M P A E G T J U
Z C E D J E E H M O Z X J
J S B A I R E E E C U U T
M L J Y C S N N N R S S Q
Y D U N Q T M G J T D G P
B L I F S X E A I U H S R
K Y A X T E H C Y F K W O
Y O E C T I E N O E K Q S
O Y S K K N U J E Q D K P
X Z D N O I T R H V C U E
B T L K P A N P F O I J R
W V O J X G T G L F B R Z
L X F R Z A E F J H Q J D
```

Rock

He only is my rock and my salvation: he is my defense; I shall not be moved.
Psalm 62:6

Abiding

Changeless

Consistent

Constant

Continuing

Eternal

Fixed

Genuine

Imperishable

Inalterable

Permanent

Rock solid

Strong

Trustworthy

Unfailing

Unmovable

Unyielding

Worthy

```
I  Q  W  O  P  L  Y  L  G  U  Z  W  J
K  M  I  T  N  E  T  S  I  S  N  O  C
I  R  P  P  O  Q  P  Z  O  J  T  R  O
G  O  E  E  E  P  Q  O  M  V  K  T  V
S  C  J  S  R  R  E  B  D  M  Q  H  H
V  T  O  A  S  I  M  N  U  R  Y  Y  C
K  J  R  N  B  E  S  A  I  N  M  T  U
R  E  A  O  T  I  L  H  N  U  Y  P  N
M  W  T  F  N  I  D  E  A  E  N  Q  G
Y  E  N  E  T  G  N  I  G  B  N  E  G
H  L  F  D  R  B  S  U  N  N  L  T  G
T  B  A  M  M  N  X  I  I  G  A  E  X
R  A  D  C  O  Q  A  Z  E  N  K  H  H
O  R  O  C  K  S  O  L  I  D  G  S  C
W  E  Y  G  N  I  D  L  E  I  Y  N  U
T  T  J  H  G  N  I  L  I  A  F  N  U
S  L  F  W  R  T  N  A  T  S  N  O  C
U  A  U  Y  E  L  B  A  V  O  M  N  U
R  N  O  W  C  V  I  P  D  E  X  I  F
T  I  H  O  A  U  P  W  J  D  Q  A  U
```

Root of David

I Jesus have sent mine angel to testify unto you these things in the churches. I am the root and the offspring of David, and the bright and morning star.

Revelation 22:16

Angel

Bright

Churches

Coming days

End Times

Hear

Heed

Jesus

Judgment

Letters

Life

Listen

Morning

Offspring

Promise

Root

Sent

Spirit

Star

Testify

Truth

Warning

```
R  K  J  S  Y  A  D  G  N  I  M  O  C
W  K  M  Z  O  T  R  T  S  U  S  E  J
D  S  P  B  E  F  I  L  M  Q  Y  C  I
L  S  E  R  T  U  G  N  I  N  R  A  W
E  E  V  H  O  R  E  J  F  E  G  Z  D
C  J  T  K  C  M  U  E  W  T  K  S  R
S  D  J  T  R  R  I  T  R  O  D  K  Z
Z  P  P  U  E  D  U  S  H  O  G  O  M
E  W  I  Z  D  R  Q  H  E  R  G  O  H
M  S  G  R  S  G  S  V  C  I  R  E  H
Q  S  N  M  I  L  M  S  V  N  E  A  Q
E  E  E  K  R  T  O  E  I  D  Z  K  B
Z  Z  T  M  Y  P  Q  N  N  Q  Y  Q  L
A  G  H  E  I  V  G  B  E  T  N  E  S
A  L  I  Z  S  T  Z  T  J  T  O  J  M
I  N  G  R  V  T  D  W  H  C  S  B  C
B  F  G  R  A  B  I  N  C  G  Y  I  L
P  M  A  E  D  T  N  F  E  Z  I  A  L
E  E  O  X  L  Z  S  U  Y  M  E  R  N
H  T  K  O  F  F  S  P  R  I  N  G  B
```

Rose of Sharon

I am the rose of Sharon,
and the lily of the valleys.
Song of Solomon 2:1

Beauty

Beloved

Bliss

Blossom

Christ

Church

Delicacy

Delight

Embrace

Feast

Flower

Garden

Lily

Meadow

Meekness

Poem

Rose of Sharon

Solomon

Song

Sweet

Symbol

```
S H C R U H C Y T U A E B
F Y X Z Q C Z G H P J L H
E J M N O M O L O S K C W
A M Y B D E V O L E B A D
S E E H O P M X I A V E D
T S M E V L N P L C L D F
C M M B K V C X Y I Z R B
H S E C R N H N C Y E L E
E B F O N A E A H L I N M
K X M C P I C S Y S O W H
L L E A K Y C E S R R G S
T K A P F T A I A U A C W
H R D H S O M H H R R G B
G S O Q T W S M D P T N A
I C W V X F O E J J V O J
L H U G O S N T D R A S W
E A J E S K E Q F U J A C
D C S O D E X R E W O L F
T O L I W A T S I R H C Q
R B J S Z Q D V P U N R U
```

Sacrifice

*Walk in love, as Christ also hath loved us,
and hath given himself for us an offering and a
sacrifice to God for a sweetsmelling savour.*
Ephesians 5:2

Accepting

Caring

Considerate

Content

Courteous

Generous

Gentle

Giving

Godly

Gracious

Grateful

Holy

Humble

Joyful

Kind

Loving

Moderate

Modest

Patient

Temperate

Thoughtful

```
U B C E M M E X W J L D G
K X X O P S U O I C A R G
M X M L U F T H G U O H T
O O A Y L R M O D E S T W
H D D X B U T O O U J D D
U P L E Z J F E K B K E L
M E Q X R A M E O O I O N
B W C R F A T W T U O C N
L X X S O X T N T A S T J
E U E D C H N E E U R E B
G I V I N G J C Y T T G L
G T N E I T A P C A N O H
N P V S F U I Z R V V O K
I N Y U L O U E D I L U C
T G P O P F D V N Y U A G
P N Y R K I R G I J F X Q
E I L E S G T E K M M K L
C R D N F J O Y F U L B L
C A O E E T A R E P M E T
A C G G N F H E L T N E G
```

Saviour

*Unto you is born this day in the city of David
a Saviour, which is Christ the Lord.*

Luke 2:11

Anointed One

Christ

David

Divine

Earth

God

Heaven

Human

I Am

Identity

Lord

Man

Messiah

Prophecy

Revelation

Sent

Sinless

Throne

World

```
I  I  M  Z  E  A  H  D  D  T  C  B  X
W  W  D  C  D  O  L  I  A  M  A  N  U
U  G  B  E  H  R  V  S  A  V  Y  Y  B
T  X  F  X  N  I  O  F  S  H  I  S  B
A  A  O  Y  N  T  I  L  X  E  N  D  H
Q  Z  N  E  X  J  I  N  S  O  N  U  N
N  E  G  O  Z  A  T  T  I  E  M  T  E
M  V  O  F  I  W  V  T  Y  A  U  G  M
I  F  D  D  O  N  A  U  N  F  D  A  W
B  W  Q  R  Y  L  T  M  G  J  N  M  S
M  M  L  K  E  P  I  E  A  H  J  O  I
Y  D  L  V  J  W  P  B  D  I  L  R  C
R  Y  E  S  B  V  H  A  M  O  L  U  E
Q  R  C  S  D  O  M  A  P  G  N  O  C
P  N  T  E  C  I  E  E  I  Y  I  E  O
I  E  S  L  H  N  H  J  N  S  T  L  F
H  V  I  N  E  P  B  T  E  O  S  D  Q
W  A  R  I  L  R  O  H  R  D  R  E  Q
W  E  H  S  Q  Z  H  R  K  A  H  H  M
A  H  C  K  D  V  J  R  P  N  E  M  T
```

Seed of Abraham

Now to Abraham and his seed were the promises made. He saith not, And to seeds, as of many; but as of one, And to thy seed, which is Christ.

Galatians 3:16

Abraham	Nations
Birthright	Old age
Children	Patriarch
Covenant	Promise
Father	Sarah
Fulfillment	Seed
Heirs	Son
Inheritance	Stars
Isaac	Vow
Laughter	Word

```
D U J S H C R A I R T A P
S M S T N A N E V O C J M
E X E G A D L O K Z F K X
E D R O W X W L C A A S I
D P R U C H B S X C N Q Y
H E I R S B E H L A Z R H
B L M C T S Y N H L N O S
J X O T I B A A U P E O W
T V W M M T B U Q C L R S
B R O I I R J A N A T R D
A R L O A C N A U N E T D
P K N H M Z T G E H H E I
B S A Y Z I H M T G N J D
J M L V R T L A I E H W S
P O F E E L F R R H X T T
Z J H R I U H D Q M A T D
Q N U F A T L R T R L O E
I U L Y R I K I S K K A P
P U W I H O T O H A R A S
F S B C O J Y R S G W O V
```

Seed of David

Remember that Jesus Christ of the seed of David was raised from the dead according to my gospel.
2 Timothy 2:8

Actuality	Gospel
Authenticity	Illustration
Authority	Lesson
Bible	Message
Book	Proclamation
Certainty	Reality
Credo	Scripture
Example	Teaching
Fact	Testament
Genuineness	Truth

```
S  J  G  E  Y  T  I  R  O  H  T  U  A
Q  N  O  I  T  A  R  T  S  U  L  L  I
C  R  E  D  O  A  M  L  K  E  Q  N  T
M  J  T  Z  E  Q  E  K  L  G  O  E  I
D  K  C  U  I  G  D  P  O  I  S  C  A
I  F  A  E  A  R  M  S  T  T  R  C  A
H  A  F  S  T  A  P  A  A  S  T  U  Y
G  M  S  P  X  E  M  M  C  U  T  T  G
H  E  H  E  L  A  E  R  A  H  Z  E  E
M  D  B  O  L  N  I  L  E  T  Y  A  N
O  D  I  C  T  P  I  N  R  T  D  C  U
S  P  O  Y  T  T  T  P  I  Y  Y  H  I
C  R  M  U  Y  I  O  L  Z  T  P  I  N
P  Z  R  K  C  L  A  A  N  A  B  N  E
Y  E  O  I  B  E  I  I  M  B  N  G  N
E  F  T  Z  R  S  A  B  C  O  H  H  E
L  Y  H  D  T  T  O  L  S  T  Z  L  S
B  O  Z  R  R  O  A  S  U  K  Z  N  S
I  H  J  E  K  J  E  R  K  Y  Z  Q  U
B  K  C  L  L  L  T  P  Y  I  K  F  O
```

Seed of the Woman

*I will put enmity between thee and the woman,
and between thy seed and her seed; it shall
bruise thy head, and thou shalt bruise his heel.*

Genesis 3:15

Adam

Bruise

Deception

Decree

Enmity

Eve

Expulsion

Heel

Jesus

Lies

Messiah

Penalty

Pledge

Punishment

Satan

Seed

Serpent

Sin

Terror

Tree

Verdict

```
S R P U X O S M V D I A E
U P A A Z Y G N T H Z X Z
Z S E I L C B H E R P M F
T O Z X Y K E U P U E E C
M W K G M E P N L S C N G
F O L T L N E S S O I M F
W L F G G L I I F R F I B
S A T A N O A S J L E T E
L R E S N H O Q A I V Y L
E T E W H Z U D X X E E D
Y C R W N O I T P E C E D
P P T T N E M H S I N U P
D H J H C E G D E L P S O
Y S E R P E N T B X P C T
T P P D S G R I E K U E C
L X E O P O I E S E S H I
A K G C R D R U L I M I D
N H H R E C S X U V A F R
E Y E E E E G R M D D F E
P T S D J G B G M N A H V
```

Servant

Behold my servant, whom I uphold; mine elect, in whom my soul delighteth; I have put my spirit upon him: he shall bring forth judgment to the Gentiles....A bruised reed shall he not break, and the smoking flax shall he not quench.

Isaiah 42:1, 3

Approved	Judgment
Behold	Picked
Bring	Quench
Bruised	Reed break
Chosen	Servant
Delight	Shall
Elect	Smoking
Endorsed	Spirit
Flax	Uphold
Gentiles	Validated

R E E D B R E A K T M S Z
F E P I D E T A D I L A V
M N Q D E S I U R B X E K
B D A P P R O V E D P J H
Z O V N E M T N A V R E S
B R H P L I N Y K C X H M
U S Z B E C C X H T L S P
D E H L C H J M I A E I S
U D C W T O J W F L C M N
B B K O V S E D I K O B S
J M R I J E X T E K A H N
R J I I S N N D I Q A C R
T F B U N E T N M L P E B
N Y W Q G G G P L J Z T E
E D F L R O A S E Q I P H
M L P H C N E U Q R C P O
G O T X T G H J I Q T P L
D H W A R L Z P T A U J D
U P V L B Y S X M Y R B Y
J U K F H H T H G I L E D

Shepherd

The LORD is my shepherd.
Psalm 23:1

Find the bolded words.

The **LORD** is my **shepherd**; I shall not **want**.

He **maketh** me to lie **down** in green **pastures**: he **leadeth** me **beside** the still **waters**.

He **restoreth** my **soul**: he leadeth me in the **paths** of **righteousness** for his name's **sake**.

Yea, **though** I walk through the **valley** of the **shadow** of death, I will **fear** no **evil**: for thou art with me; thy **rod** and thy **staff** they **comfort** me.

Psalm 23:1-4

```
V Y Y U R D R E H P E H S
W R A N I D O R U J U O E
X C Y R G Q E C J M U B P
R S V F H N K O W L A A B
L O R D T H L M D S T P M
H N D Q E H J F T H Y A N
F Q I Y O Y H O S J K O B
F B L G U J Z R B E F L T
B Q C X S Q G T T O N R M
W W K D N F D H Z M W C M
U A R M E Y S S K G T O F
T T G E S Y H T E D A E L
G E R Z S M E Q Z E I S S
L R F N B T M L H H E T I
I S W H W E O Q L R B H T
V E S O D O F R U A G Z N
E R J I D F D T E U V E M
B A S M A A S P O T K S D
V E K T X A H H P A H C Q
B F S K P Q T S S T N A W
```

Son of David

The multitudes that went before, and that followed, cried, saying, Hosanna to the son of David: Blessed is he that cometh in the name of the Lord; Hosanna in the highest.

Matthew 21:9

Accolades

Blessed

Cheer

Cloaks

Crowds

Devotion

Donkey

Entry

Followers

Hosanna

Jerusalem

Palm branch

Praise

Robes

Son of David

Songs

Worship

```
V S S M H Y Q B S R P E Z
C W O O Z B N M O Z V T C
D C E N N B P B N Z B H T
I F R Z G O E I G U E X U
D T L O D S F L H E X Y H
B O U M W E C D R S D B C
M N N W W D S E A E R T A
N O X K O L S S V V Z O A
H F X O E L Q O E E I Y W
K O M K C Y T W L L R D N
R J S B L I N D M T B S B
X U G A O F B C N D D P P
O Y V N N U S E K G M C N
N E C P E N J E S I A R P
P B J R N M A D Y R Q E F
H O A H C N A R B M L A P
A C C O L A D E S E W V L
K G Z M E L A S U R E J Z
R J L E W Y Y S K A O L C
X F O L L O W E R S E R B
```

Son of Man

As Jonas was three days and three nights in the whale's belly; so shall the Son of man be three days and three nights in the heart of the earth.

Matthew 12:40

Belly	Jonah
Big fish	Land
Calvary	Nights
Cross	Nineveh
Darkness	Rebirth
Days	Resurrection
Earth	
Heart	Sea
Hill	Three
Jesus	Whale

```
N Z D A Y S B J C J M B B
B J I N Z W G E E E R H T
S O G V F Y J S L L L I H
J N O M K Q O G H L H B L
I A B C H J A U K E Y Z V
E H E S E A K M A C P R W
X N O I T C E R R U S E R
N S S P O C T U U Q X O Q
V R N R K R P B E P L S Y
S B I M T O H S I F G I B
K N S N E S I T W A A E H
Q X Y V C S H S R A K A E
P E S T Q W Y M T O O R V
H J M S N C M R E H M T E
T H G L E B K H A Z G H N
R S H S A N Q X A V E I I
I O P Q Y N K T T F L L N
B S C X U Z D R C D A A Z
E T U U V A Z R A L H W C
R S U S E J V X L D W K X
```

Stone

They sought it not by faith, but as it were by the words of the law. For they stumbled at that stumblingstone.

Romans 9:32

Acts

Affront

Denial

Faith

Gospel

Grace

Law

Mystery

Offense

Reason

Refusal

Reject

Rock

Spirit

Stone

Stumble

Turn away

Wisdom

Works

```
Z  U  B  R  E  K  Z  B  E  N  O  T  S
A  C  Q  X  E  A  I  I  A  M  H  Y  Q
A  M  V  R  R  F  C  N  W  Y  W  X  O
S  S  N  O  S  Y  U  T  C  Z  B  C  M
R  T  C  C  Y  G  T  S  S  Q  T  V  B
L  E  U  K  T  U  Q  N  A  C  Z  G  M
G  V  A  M  G  S  R  V  O  L  U  Y  Z
D  H  T  S  B  C  C  Z  G  R  S  G  O
K  W  T  W  O  L  U  V  W  T  F  U  F
S  A  G  I  V  N  E  G  E  Q  N  F  Z
K  F  O  V  A  P  Z  R  Q  N  G  L  A
M  F  S  Z  Y  F  Y  K  I  J  J  L  E
B  I  P  H  Y  F  C  Y  S  U  K  J  S
L  Q  E  M  Q  D  A  K  D  K  Q  Q  N
A  P  L  V  L  W  R  M  T  X  T  M  E
I  C  T  L  A  O  O  I  E  C  N  X  F
N  K  O  N  W  D  R  P  E  C  Y  B  F
E  I  R  W  S  I  E  J  D  D  A  Y  O
D  U  A  I  P  Z  E  J  P  I  V  R  M
T  L  W  S  Z  R  O  S  N  U  I  R  G
```

Sun of Righteousness

*Unto you that fear my name shall the
Sun of righteousness arise with healing in
his wings; and ye shall go forth, and grow up
as calves of the stall.*
Malachi 4:2

Beneficial

Favor

Glorious

Growth

Harmony

Healing

Intensity

Light

Magnificent

Radiance

Restoration

Righteousness

Salutary

Shine

Sun

Unblemished

Unity

Wings

Worthy

```
R Y J L A I C I F E N E B
X I B R Q O D Y O N W T Y
R G G B T E C N A I D A R
G E L H Y T I S N E T N I
F D S O T Y T H E F Y R F
L W F T R E Y F S Y A R K
E Q O H O I O Q A G A Z E
V B F R Z R O U D V N Q F
M U J O T U A U S V O I Z
R N R P K H D T S N X R W
K B W C C U Y Z I M E U B
Y L A Q U N C D Z O X S B
A E N U S I Y B U E N G S
S M C S O T Y H T W O R G
I I W O H Y Z N D V R R Z
V S T H G I L V O W T C Y
M H Z W F F N N P M N T A
H E A L I N G E U E R T I
K D V I F Y R A T U L A S
Y M A G N I F I C E N T H
```

Teacher

The same came to Jesus by night, and said unto him, Rabbi, we know that thou art a teacher come from God: for no man can do these miracles that thou doest, except God be with him.

John 3:2

Believe

Born again

Everlasting life

Flesh

Heavenly things

Kingdom

Master

Mysteries

Nicodemus

Night

Only Son

Pharisee

Questions

Saved

Secret

Spirit

Teacher

Visit

Water

Wind

World

```
J B O R N A G A I N S G X
J Y P P S N O I T S E U Q
H S Z U S U M E D O C I N
D G V Q V A C V P H R T I
U N P H A R I S E E E L X
E I R R E H C A E T T Y M
F H J D I J V O C I I Y S
I T T S W M V S I S P W
L Y G X F I B I H T I W C
G L Y M R N V S E R Q N H
N N K D L D Y R I T N I X
I E M I E J I T H S E L F
T V L A N E N O S Y L N O
S A M G S G V S P A B N S
A E U I G T D E A W L H A
L H A K L D E O I V Q T T
R Z A U L H Q R M L E E Q
E S Z R H P Z X G J E D N
V R O V N I G H T I Y B E
E W X X E A R E T A W U O
```

True Vine

*I am the true vine, and my Father
is the husbandman.*
John 15:1

Abide

Abundance

Action

Believers

Branch

Disciples

Fertile

Fruitful

Gardener

Gainful

Hold

Plentiful

Productive

Profitable

Prune

Stay

Vigorous

Vine

Vineyard

Word

```
S  M  L  X  X  W  A  B  Z  W  R  S  P
C  U  H  N  N  O  I  T  C  A  Q  D  X
X  K  D  R  A  Y  E  N  I  V  N  N  Y
I  P  F  R  U  I  T  F  U  L  X  S  L
L  Q  S  Q  E  C  N  A  D  N  U  B  A
P  R  O  D  U  C  T  I  V  E  D  C  Y
G  E  A  B  L  A  T  X  D  U  P  T  D
A  P  E  G  T  R  B  H  C  N  A  R  B
I  G  L  N  S  H  E  I  E  E  K  T  M
N  C  F  E  I  E  Q  N  D  N  X  H  N
F  Q  K  Z  N  V  L  S  E  E  U  E  T
U  V  O  D  S  T  U  P  S  D  L  R  C
L  F  N  T  E  O  I  R  I  B  R  O  P
I  A  A  H  R  E  E  F  A  C  S  A  D
F  Y  M  O  G  V  L  T  U  A  S  Z  G
L  Q  G  W  E  Z  I  I  K  L  Y  I  P
O  I  Q  I  H  F  D  D  T  W  E  P  D
V  B  L  C  O  R  S  L  H  R  Q  P  G
M  E  N  R  O  V  T  O  N  J  E  C  T
B  L  P  W  B  S  Z  H  B  U  Y  F  R
```

Solutions

PAGE 6/7

PAGE 8/9

PAGE 10/11

PAGE 12/13

PAGE 14/15

PAGE 16/17

PAGE 18/19

PAGE 20/21

PAGE 22/23

PAGE 24/25

PAGE 26/27

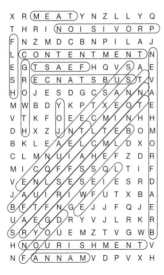

PAGE 28/29

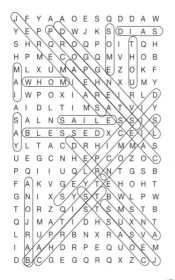

PAGE 38/39

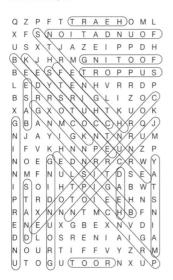

PAGE 40/41

PAGE42/43

PAGE 44/45

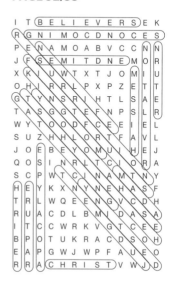

PAGE 54/55

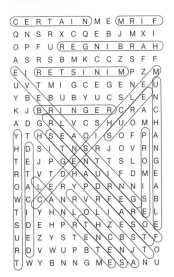

PAGE 56/57

PAGE 58/59

PAGE 60/61

PAGE 70/71

PAGE 72/73

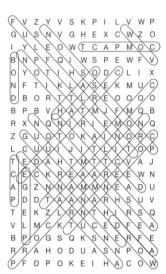

PAGE 74/75

PAGE 76/77

PAGE 78/79

PAGE 80/81

PAGE 82/83

PAGE 84/85

PAGE 86/87

PAGE 88/89

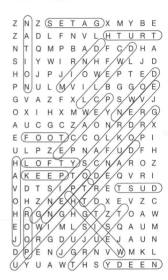

PAGE 90/91

PAGE 92/93

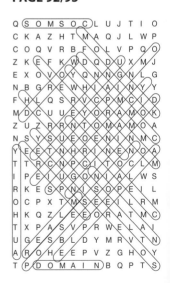

PAGE 94/95

PAGE 96/97

PAGE 98/99

PAGE 100/101

PAGE 102/103

PAGE 104/105

PAGE 106/107

PAGE 108/109

PAGE 110/111

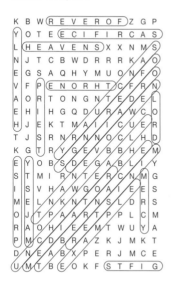

PAGE 112/113

PAGE 114/115

PAGE 116/117

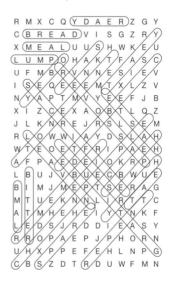

PAGE 118/119

PAGE 120/121

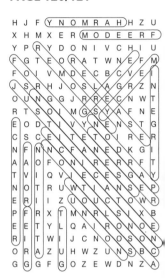

PAGE 122/123

PAGE 124/125

PAGE 126/127

PAGE 128/129

PAGE 130/131

PAGE 132/133

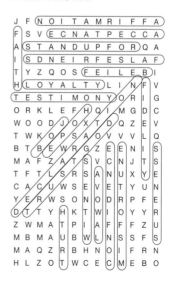

PAGE 134/135

PAGE 136/137

PAGE 138/139

PAGE 140/141

PAGE 142/143

PAGE 144/145

PAGE 146/147

PAGE 148/149

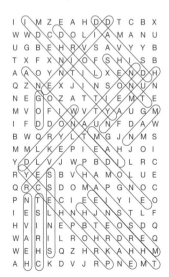

PAGE 150/151

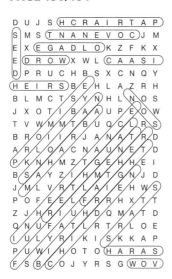

PAGE 152/153

PAGE 154/155

PAGE 156/157

PAGE 158/159

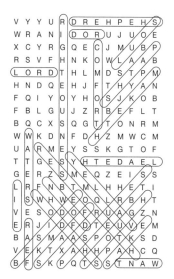

PAGE 160/161

PAGE 162/163

PAGE 164/165

PAGE 166/167

PAGE 168/169

PAGE 170/171

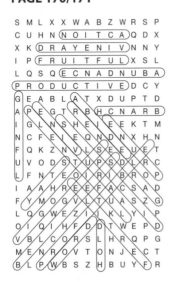

His name
was
called Jesus.
Luke 2:21